QUESTION

DE

L'IMPORTATION DES COTONS

ET DU

TRANSPORT DES ÉMIGRANTS

PAR

LE PORT DE DUNKERQUE

PAR VANDEREST,

Directeur du Comité d'organisation
de la Compagnie Commerciale de Dunkerque.

DUNKERQUE
TYPOGRAPHIE DE VANDEREST

1854

QUESTION

DE L'IMPORTATION DES COTONS

ET DU

TRANSPORT DES ÉMIGRANTS

PAR

LE PORT DE DUNKERQUE

QUESTION

DE

L'IMPORTATION DES COTONS

ET DU

TRANSPORT DES ÉMIGRANTS

PAR

LE PORT DE DUNKERQUE

PAR VANDEREST,

Directeur du Comité d'organisation
de la *Compagnie Commerciale de Dunkerque*.

DUNKERQUE

TYPOGRAPHIE DE VANDEREST

1854

INTRODUCTION

La restauration complète du port de Dunkerque, le retour de sa fortune, de sa puissance, de son ancienne splendeur, dans un intérêt national, c'est le rêve de toute notre vie.

Nous n'avons jamais eu plus de foi dans la réalisation de ce rêve que depuis la journée du 10 Octobre 1852, où M. Besson, Préfet du Nord, acceptant l'invitation que lui avait faite M. Mollet, Maire de Dunkerque, assista à l'inauguration de l'écluse du bassin à flot, et prit texte de cette solennité pour faire entendre des paroles dont le souvenir nous est resté cher à tant de titres :

« Aujourd'hui, Messieurs, — disait M. Besson, dans le discours qu'il prononça sur le port même, à proximité de l'écluse, — comme aux plus beaux jours du Consulat et de l'Empire, une impulsion énergique est imprimée à la France entière. La ville de Dunkerque, je l'espère, en aura une large part. Le patriotisme dont elle fait preuve envers le neveu de l'Empereur, est digne de l'élan unanime avec lequel, en 1804, elle demandait l'Empire pour Napoléon Ier. Aujourd'hui, comme alors, sa voix aura un grand retentissement ; mais ce ne sera pas le seul trait de ressemblance entre les deux époques. Ainsi que l'Empereur, son oncle, le Prince Louis-Napoléon, tiendra à honneur, soyez-en assurés, de protéger la fortune commerciale de Dunkerque, notre sentinelle de la Mer du Nord. . . . . . »

Mais ce qui a rendu notre foi plus vive encore au bruit

des acclamations qui accueillirent ces patriotiques paroles, c'est que, frappé des immenses ressources qu'offre le port de Dunkerque, M. Besson n'a pu jamais que difficilement comprendre que ce port soit resté depuis de si longues années dans un état d'infériorité relative, en présence des progrès réalisés au Havre, à Liverpool, à Anvers et dans les Villes Anséatiques, qui doivent essentiellement aux transports maritimes des émigrants pour les Etats-Unis, le Brésil et autres points du globe, d'avoir vu grandir leurs opérations commerciales dans des proportions considérables.

Un judicieux écrivain, M. Lomon, sut traduire avec bonheur les premières impressions de M. Besson, et l'article qu'il publia à ce sujet, dans le *Nord*, *Journal de Lille*, dût fixer d'autant plus notre attention, que, depuis plus de dix années, nous nous étions attaché, avec une persévérance que n'avait pu rebuter aucun obstacle, aucune entrave, à démontrer les hautes destinées réservées inévitablement à un port aussi admirablement situé que l'est le port de Dunkerque.

Le rédacteur des lignes suivantes que nous reproduisons de la livraison de Février 1853, des *Annales du Commerce extérieur* (1), avait sans doute présents à la mémoire les arguments que nous avons développés à satiété, en rappelant les relations du port de Dunkerque avec l'Amérique du Nord, avant, pendant et après la guerre de l'indépendance, jusqu'au 11 Nivôse an III, époque de l'abolition de la franchise des ports de Dunkerque, de Marseille et de Bayonne.

Voici l'extrait des *Annales du Commerce extérieur:*

» On reconnait facilement aux modifications que les gouvernements de Hambourg et de Brême ont successivement, et à des époques rapprochées les unes des autres, introduites dans les ordonnances sur les transports maritimes, combien ils sont désireux d'attirer les émigrants dans ces ports. Leurs efforts, il faut le dire,

(1) On sait que c'est le département de l'Agriculture du Commerce et des Travaux publics qui publie les *Annales du Commerce Extérieur.*

ont été couronnés du plus grand succès, et, d'année en année, cette source principale de la prospérité des armateurs des deux Villes Anséatiques devient plus fructueuse pour eux. *Toutes les grandes lignes de navigation qui relient aujourd'hui Brême et Hambourg avec l'Australie, avec la Californie, les Antilles et les* **Etats-Unis**, *ont dû aux expéditions de colons leur création et leur développement; et* TOUTES CES ENTREPRISES ONT SI BIEN REUSSI QU'A CHAQUE CAMPAGNE NOUVELLE ON LES VOIT CROITRE EN IMPORTANCE ET EN NOMBRE.

» *Les armateurs français ne sauraient donc, de leur côté, apporter trop de soin à ce genre d'opérations*, QUI SEMBLE PRENDRE DES PROPORTIONS EXTRAORDINAIRES, A RAISON DE LA DENSITÉ DES POPULATIONS GERMANIQUES ET DU BESOIN DE BIEN-ÊTRE QUI LES POUSSE VERS LES RÉGIONS DU NOUVEAU-MONDE. *On a vu récemment, en Allemagne, des villages entiers émigrer pour l'Amérique.* LE MOMENT EST VENUE OU IL EST NÉCESSAIRE QUE NOS PORTS DU NORD, **Dunkerque** ET LE HAVRE, FASSENT TOUS LEURS EFFORTS POUR GAGNER LA CONFIANCE DES COLONS ALLEMANDS EN LES TRAITANT BIEN ET EN REMPLISSANT AVEC UNE RELIGIEUSE FIDÉLITÉ LES ENGAGEMENTS PRIS VIS-A-VIS D'EUX POUR LE SÉJOUR ET POUR LA TRAVERSÉE. C'EST UN POINT CAPITAL ET SUR LEQUEL REPOSE L'AVENIR DE CEUX DE NOS ARMEMENTS QUI SE LIVRENT A CE GENRE D'INDUSTRIE MARITIME.

« On a calculé qu'en 1851 il était sorti d'Allemagne plus de 120,000 émigrants. Brême compte sur ce nombre pour 37,493. Hambourg y a ajouté 11,978 émigrants. Total, pour ces deux ports, 49,471, non compris 2 à 3,000 colons allemands qui se sont embarqués à Hambourg pour suivre la voie de Liverpool. »

Notre communauté d'opinion avec M. Lomon de même qu'avec M. L. Couailhac, qui a une foi si intelligente, si ardente, comme le témoignent les *cent* lettres que nous reçûmes de lui en moins de trois mois; les encouragements dont nous fûmes honoré d'un autre côté par M. le Préfet du Nord, et par M. Alph. Paillard, Sous-Préfet de Dunkerque, stimulèrent notre zèle, et ce fut à raison de cet heureux concours de circonstances que nous nous décidâmes à publier, après de longues recherches et méditations, au mois d'Octobre 1853, dans le *Vingt-et-Un Novembre, journal de l'arrondissement de Dunkerque*, un travail intitulé : *Question de l'importation des cotons et du transport des émigrants par le port de Dunkerque.*

La publication de ce travail eut cela d'utile surtout, c'est que l'on jugea qu'il renfermait autre chose que des idées spéculatives, en ce qu'il comprenait dans son ensemble les éléments de la formation d'une compagnie vraiment sérieuse, forte et puissante.

Entre émettre l'idée de former une compagnie et concevoir la pensée de concourir soi-même à cette formation, il n'y eut bientôt plus qu'un pas, et des montagnes d'obstacles s'aplanirent, grâce à l'intelligence, à l'actif et précieux concours de MM. L. Couailhac, Ad. Meurisse de St-Hilaire, Lomon et M. Laligant.

Une fois entré dans cette voie, nous tînmes à ne pas faire les choses à demi, et, en nous représentant ce que la puissante compagnie du Lloyd autrichien (1) a fait à Trieste, en faisant servir la presse de principal levier de sa puissance, nous parvînmes, ou, pour mieux dire, notre honorable ami M. Ad. Meurisse de St-Hilaire, qui sut, dès le principe, saisir toute la portée de cette

(1) L'existence du Lloyd autrichien à Trieste remonte à 1833. M. de Bruck, qui était à cette époque ministre du commerce en Autriche, en est le fondateur.

Le concours de MM. Reyer et de Rotschild, qui surent apprécier les avantages que leur démontra M. de Bruck, de la mise en communication de Trieste avec l'Italie, la Grèce et l'Orient au moyen de bateaux à vapeur, permit au fondateur de donner en peu de temps une extension considérable à cette compagnie.

Le Lloyd autrichien occupe à Trieste un palais immense, le *Tergesteum*, qui est l'un des monuments les plus remarquables de la ville. Les bureaux de ses divers départements se divisent en trois sections, savoir : *Section des assurances maritimes ; section de la navigation à vapeur ; section des arts, des lettres et des sciences*. Un comité central dont les membres sont pris dans chacune des trois divisions règle les affaires de l'établissement.

La division des arts, des lettres et des sciences occupe les étages supérieurs du *Tergesteum* ; quatre vastes salles y sont destinées à la lecture des journaux. On y trouve *deux cents* feuilles périodiques en toutes langues. Le Lloyd imprime chez lui *neuf* journaux dont deux en allemand et sept en italien. L'établissement renferme cinq presses à vapeur, une presse hydraulique, une machine de satinage, dix presses à la main.

Le Lloyd autrichien a été fondé à l'exemple du célèbre établissement de la Bourse de Londres, *Lloyd's*, le rendez-vous général des assureurs et courtiers d'assurances, où l'on tient note du départ et de l'arrivage des navires sur chaque point du globe, en même temps que de toutes les nouvelles intéressant la navigation. Ces notes et nouvelles sont publiées dans le journal qui est la propriété des souscripteurs de Lloyd's. Ce journal est intitulé *Lloyd's List* et contient des documents précieux pour le commerce d'assurance.

combinaison, et par sa persévérance de chaque jour, de chaque heure, triompher d'une foule de difficultés et d'obstacles qui semblaient insurmontables, nous permit de transformer complètement la presse de Dunkerque, en fondant en un seul journal, qui se publie aujourd'hui sous le titre : L'AUTORITÉ, les trois feuilles d'opinion différente qui paraissaient à Dunkerque, chacune trois fois par semaine (1).

Notre pensée, en opérant cette fusion, était surtout de créer un organe qui s'attachât, tout en restant énergiquement dévoué à un Pouvoir que nous aimons autant que nous admirons, à concilier les hommes et les intérêts ; à réunir des éléments qui, épars çà et là, sont impuissants et fragiles, qui, réunis, deviennent forts et indestructibles. Dans notre pensée, comme dans la pensée de M. Ad. Meurisse de St-Hilaire, que les intérêts Dunkerquois ont toujours trouvé au nombre de ses plus fervents défenseurs, cet organe devait rivaliser, sous le rapport maritime, commercial et industriel, avec ces feuilles si substantielles qui se publient en Angleterre et aux États-Unis. Mais, pour n'avoir encore que très-imparfaitement réalisé le projet que nous avions conçu, nous pouvons du moins avoir l'assurance que Dunkerque n'aura bientôt, sous ce rapport, rien à envier aux ports du Havre, de Marseille, de Bordeaux et de Nantes.

Revenant au projet de formation de la *Compagnie commerciale de Dunkerque*, dont les statuts primitivement proposés par nous ont été définitivement arrêtés après de longues et mûres délibérations, non seulement

(1) Le matériel d'imprimerie et la propriété du journal *la Dunkerquoise*, dont la publication remontait à 58 ans, ont été acquis au prix de 70,000 f.
L'imprimerie et la propriété du *Journal de Dunkerque*, qui se publiait depuis 31 ans, ont été acquises au prix de. 35,000
Total. 105,000

Dans ce prix de 105,000 francs ne sont pas comprises l'imprimerie et la propriété du journal le *Vingt-et-Un Novembre*, qui portait primitivement le titre : *Le Commerce de Dunkerque*, et dont nous publiâmes le premier numéro le 23 Décembre 1843.

avec nos collaborateurs, mais encore avec les hommes honorables qui ont été chargés, d'une part, de la rédaction définitive de l'acte de société, d'autre part, de la partie financière de cette entreprise, qui a pu être qualifiée sans exagération *la grande et nationale entreprise*, par M. Wolowski, directeur du *Crédit Foncier de France*; revenant, disons-nous, au projet de formation de la Compagnie dont il s'agit, nos lecteurs pourront juger par les lettres d'adhésion que nous reproduisons textuellement ci-après, et que nous avons reçues soit directement, soit par l'entremise de MM. L. Conailhac, Ad. Meurisse de St-Hilaire, Lomon et Laligant, de l'avenir réservé à une opération qui embrasse dans son cercle de si considérables, de si immenses intérêts.

LETTRES D'ADHÉSION

ADRESSÉES A M. LE DIRECTEUR DU COMITÉ D'ORGANISATION DE LA COMPAGNIE COMMERCIALE DE DUNKERQUE (1).

« Vous avez bien voulu, Monsieur, me demander si je consentirai à faire partie du premier Conseil d'administration de la *Compagnie commerciale de Dunkerque*, et vous m'avez exposé le but et les moyens d'action de la Société anonyme actuellement en instance près de S. Exc. le Ministre des travaux publics; je suis, comme vous, convaincu que ce sera là un des moyens les plus puissants de réveiller notre port de son engourdissement et de son atonie. Je serai toujours heureux de suivre dans cette voie ceux qui l'auront tracée; si vous pensez donc que ma coopération soit utile dans la fondation ou la direction de la Société aujourd'hui projetée, je suis prêt à entrer dans le Conseil d'administration et à contribuer autant que je le pourrai à la réalisation

(1) Nous sommes dépositaire des originaux de ces lettres d'adhésion, ainsi que de toutes les pièces, de tous les documents quelconques relatifs à l'organisation de la *Compagnie commerciale de Dunkerque*.

d'un plan qui a toutes mes sympathies et ma complète approbation.

» Veuillez agréer, Monsieur, l'assurance de ma parfaite considération.

» Alfred De CLEBSATTEL,
» Député du Nord.

» Dunkerque, le 11 Novembre 1853. »

« Lille, 15 Novembre 1853.

» Monsieur le Directeur,

» J'ai examiné avec soin le projet que vous avez bien voulu me soumettre, et qui tend à établir à Dunkerque un entrepôt destiné à recevoir en consignation les cotons d'Amérique et d'Algérie.

» Je partage, à l'égard de ce projet et de son influence sur l'avenir commercial du pays, l'opinion de mon honorable collègue M. De Clebsattel.

» En relevant le port de Dunkerque de son atonie, en lui restituant un rang que sa position si favorable semblait ne devoir jamais lui faire perdre, la réalisation de votre plan assurera la prospérité des districts manufacturiers de l'arrondissement de Lille, puisqu'elle mettra à leur portée les matières premières, ces éléments bruts d'un travail que l'intelligence de nos industriels sait conduire à un si haut degré de perfection.

» Toutes mes sympathies sont donc acquises à votre œuvre, et je serai heureux, le jour où il me sera permis de lui prêter mon faible concours.

» Veuillez agréer, Monsieur le Directeur, l'assurance de ma parfaite considération.

» Pierre LEGRAND,
» Député du Nord. »

« Lille, 17 Novembre 1853.

» Monsieur,

» Je suis trop honoré du choix que veut bien faire de moi le Comité d'organisation de la *Compagnie Commerciale de Dunkerque*, pour ne pas accepter la place qu'elle m'offre au conseil d'administration qui s'organise en ce moment.

» Je suis étranger, par mon état, aux affaires commerciales, je ferai néanmoins le mieux qu'il me sera possible.

» Recevez, je vous prie, Monsieur, l'assurance de mes sentiments les plus distingués.

» *Le général de brigade, commandant le département du Nord,*

» Bon FRIRION.

« Dunkerque, le 9 Novembre 1853.

» Monsieur,

» Vous m'avez proposé d'être un des huit membres du conseil d'administration, réservés à notre arrondissement par le Comité d'organisation de la *Compagnie commerciale de Dunkerque*, qui a pour objet l'émigration et l'importation des cotons par le port de Dunkerque.

» Depuis plus de vingt années, l'importation des *cotons et des cafés* a été l'objet de mes préoccupations ; *mais des efforts individuels étaient impuissants pour réussir à modifier des relations établies depuis trop long-temps*. Néanmoins, en 1849, j'ai pensé un instant que mes désirs allaient se réaliser, quand une assez grave indisposition qui m'est survenue, à cette époque, est venue y mettre un obstacle ; c'est donc bien vivement que je désire voir réussir la Compagnie projetée, surtout qu'elle a l'intention de comprendre dans le cercle de ses opérations les exportations et les importations de notre belle colonie de l'Algérie.

» Ne sachant promettre sans tenir mes promesses et ayant en ce moment à remplir des devoirs de famille assez lourds, vous comprendrez, Monsieur, que je ne puis vous promettre un concours actif; mais si mon nom et un cœur sincèrement dévoué au succès de l'entreprise peuvent vous être bons à quelque chose, vous pouvez en disposer, car j'ai la convictionl a plus profonde que la Compagnie projetée doit non-seulement concourir au développement du commerce du port de Dunkerque mais encore à celui du Nord de la France.

» Et dans l'attente de cet heureux jour, veuillez, Monsieur, agréer l'assurance de ma considération distinguée.

» P. CHAMONIN. »

(N. B.) M. P. Chamonin est négociant à Dunkerque, agent consulaire d'Espagne et de Sardaigne, chevalier de l'ordre d'Isabelle la Catholique.

« Dunkerque, le 7 Novembre 1853.

» Monsieur,

» J'ai reçu la lettre que vous m'avez fait l'honneur de m'écrire, en me proposant de faire partie du conseil d'administration de la *Compagnie commerciale de Dunkerque*.

» J'ai suivi avec un patriotique intérêt, tout ce que vous avez publié à cet égard, et je me trouve heureux de m'associer aux efforts faits dans le but que vous indiquez ; j'accepte donc, avec empressement la participation qui m'est offerte.

» Je vous remercie d'avoir cru en mon ardent désir du progrès et de m'avoir placé dans le petit nombre des élus de la localité.

» Agréez, je vous prie, l'assurance de ma parfaite considération.

» Victor DERODE. »

(N. B.) M. Victor Derode, négociant à Dunkerque, de la maison Derode frères, de Lille, est l'auteur d'une histoire de Lille et d'une histoire de Dunkerque, deux ouvrages fort remarquables et estimés à juste titre.

« Paris, le 20 Novembre 1853.

» Monsieur,

» Vous avez bien voulu me communiquer les statuts de la *Compagnie commerciale de Dunkerque*, et me demander de faire partie du conseil d'administration de cette grande et belle entreprise.

» Je ne me fais point illusion sur la faiblesse du concours que je puis vous offrir, et cependant j'accepte avec bonheur la proposition que vous me faites, parce que je vois dans l'œuvre que vous poursuivez avec une aussi louable persévérance, une nouvelle source de vie pour l'un des ports les mieux situés, un moyen de relever la France de son infériorité relative aux yeux du monde commerçant et colonisateur, enfin un sûr et puissant élément de succès pour la prospérité future de nos établissements d'Afrique.

» Il y aura bientôt dix ans que je ne cesse d'élever la voix en faveur de l'Algérie, et d'appeler l'attention de mon pays sur l'une des œuvres les plus fécondes, les plus hautes, les plus glorieuses auxquelles il puisse consacrer son activité. Ce m'est une douce et précieuse récompense de voir la pensée à laquelle je me suis attaché commencer à porter ses fruits.

» L'élan est donné ; il faut désormais que tous les hommes qui ont la conscience du magnifique avenir réservé à notre colonie, s'empressent de payer de leur personne et de leurs efforts pour hâter le jour où elle indemnisera la métropole des sacrifices qu'elle lui a coûtés. Ce jour approche, et les vives et chaleureuses adhésions que vous avez déjà reçues de plusieurs des principales notabilités du département du Nord, prouvent que ce devoir, devoir national s'il en fût jamais, est enfin noblement compris.

» Quant à moi, Monsieur, je vous le répète, tout ce que je pourrai faire dans ce but je le ferai.

» Veuillez agréer l'expression de mes sentiments les plus distingués.

» H. PEUT,

» Directeur des *Annales de la Colonisation Algérienne.* »

« Roubaix, le 18 Novembre 1853.

» Le Maire de la ville de Roubaix, à Monsieur le Directeur du Comité d'organisation de la *Compagnie Commerciale de Dunkerque.*

» Monsieur le Directeur,

» En réponse à la lettre que vous m'avez fait l'honneur de m'écrire le 16 de ce mois, je m'empresse de vous faire connaître que j'adhère bien volontiers à la proposition que vous voulez bien me faire d'être membre du Conseil d'administration de la *Compagnie Commerciale de Dunkerque* J'applaudis vivement à une organisation qui a pour but de relever l'importance du port de Dunkerque.

» Agréez, Monsieur le Directeur, l'expression de mes sentiments les plus distingués.

« DELATTRE. »

« A Monsieur PEUT, Directeur des *Annales de la Colonisation Algérienne.*

» Monsieur,

» Vous me faites connaître le projet de fonder une institution qui a pour but de mettre Dunkerque en relation avec l'Algérie, et d'appeler vers ce port les produits de notre grande colonie. Vous me faites, en même temps savoir que les principaux promoteurs de l'entreprise me font l'honneur d'exprimer le désir d'obtenir mon adhésion à leur projet, comme ils ont obtenu celles de MM. De Clebsattel et Pierre Legrand. Je me joindrai de grand cœur à ces honorables députés : Dans ma pensée, rien n'est plus utile à la France que de concourir au développement agricole de l'Algérie, et ce sont nos départements du Nord qui doivent importer, avec le plus d'avantage, les produits de cette contrée méridionale, qui leur manquent ; ce sont ces mêmes départements, dont l'industrie est si développée, qui pourront plus spécialement exporter pour l'Algérie les produits manufacturés. L'institution projetée me semble donc parfaitement rationnelle, et j'associerai, avec empressement, mon zèle et mes études, aux efforts des hommes qui se proposent un but si utile à la France, à l'Algérie, et particulièrement à un département dont les intérêts me sont chers à plus d'un titre.

» Veuillez agréer l'expression de ma haute considération.

» Thém. LESTIBOUDOIS.

» Paris, le 22 Novembre 1853. »

(N. B.) M. le docteur Thémistocle Lestiboudois, ancien député du Nord, est maître des requêtes de 1re classe au Conseil d'Etat.

M. Lestiboudois a publié un ouvrage sur l'Algérie que M. Jules Duval apprécie en ces termes dans le compte-rendu qu'il a fait de cet ouvrage dans le Bulletin bibliographique de la livraison de Février 1853 des *Annales de la Colonisation Algérienne* : « *Le* » *Voyage en Algérie*, de M. Lestiboudois, suivi d'*Etudes sur la* » *colonisation de l'Afrique française*, est un des bons livres ré- » comment publiés sur cet inépuisable sujet...... M. Lestiboudois » aime l'Algérie ; il y est même, croyons-nous, quelque peu colon ; » il l'a défendue jadis dans les assemblées parlementaires contre » les orateurs économes ; il la défend encore aujourd'hui contre » les prétentions de certains économistes...... »

« Lille, 22 Novembre 1853.

» Monsieur,

» Je m'associerai toujours avec empressement à une œuvre qui a pour objet d'augmenter la richesse du pays et de le faire progresser vers un but d'intérêt général.

» La pensée d'organiser à Dunkerque un entrepôt de

cotons est une pensée patriotique, dont la fécondation peut avoir les meilleurs résultats pour l'avenir de ce port et devenir par suite, d'une utilité réelle pour les intérêts industriels et commerciaux du département tout entier.

» Je serai heureux de concourir à cette œuvre dans la limite de mes forces, et je donne mon adhésion complète à vos projets en acceptant l'honorable proposition que vous voulez bien m'adresser, de faire partie du conseil d'administration.

» Veuillez agréer, Monsieur, l'hommage de mes sentiments de haute considération.

» V. BALSON,

« Avocat, ancien Secrétaire général de la Préfecture du Nord, Doyen du Conseil de Préfecture. »

« Tourcoing, le 25 Novembre 1855.

» Le Maire de la ville de Tourcoing, chevalier de la Légion-d'Honneur, membre du Conseil général du département du Nord,

» A Monsieur le Directeur du Comité d'organisation de la *Compagnie Commerciale de Dunkerque.*

» Monsieur le Directeur,

» J'étais absent lors de la réception de la lettre que vous m'avez fait l'honneur de m'adresser le 16 de ce mois. Je m'empresse d'y répondre aujourd'hui. J'accepte volontiers la proposition qui y est faite d'être Membre du Conseil d'administration de la *Compagnie Commerciale de Dunkerque.* Tout le bien que cette organisation procurera au port de Dunkerque, je le verrai avec plaisir.

» Agréez, Monsieur le Directeur, l'expression de mes sentiments les plus distingués.

» CARLOS MASUREL. »

« Armentières (Nord), 25 Novembre 1855.

» A Monsieur le Directeur du Comité d'organisation de la *Compagnie commerciale de Dunkerque.*

» Monsieur le Directeur,

» Chercher à donner au port de Dunkerque la vie active et brillante que semblent lui promettre les éléments de prospérité qui l'entourent, c'est une heureuse et belle inspiration, dont la réussite n'aurait pas seulement pour effet d'agrandir la fortune et la gloire de l'une de nos belles cités flamandes, mais encore d'ajouter une puissance nouvelle aux industries déjà si fécondes de nos districts manufacturiers. Cette inspiration, Monsieur, ne peut manquer d'obtenir l'assentiment et la reconnaissance du pays. Pour ce qui me concerne, après mûre réflexion, je déclare m'y associer de tout cœur; et quelque faible que puisse être mon concours dans l'accomplissement de l'œuvre projetée, j'accepte avec reconnaissance la proposition que vous m'avez fait l'honneur de m'adresser et vous autorise à transmettre, sans plus de retard, mon adhésion au Comité d'organisation de la Compagnie commerciale au nom de laquelle vous m'avez écrit.

» Agréez, Monsieur le Directeur, l'expression de ma haute considération.

» *Le Maire d'Armentières,*

« H. DANSETTE. »

Nous donnons ici le texte de la lettre que M. Wolowski, Directeur du *Crédit foncier de France*, a adressée de Paris, à la même époque, à M. L. Couailhac, à Lille :

« Mon cher ancien confrère,

» Quand j'ai été nommé Directeur du *Crédit foncier de France*, j'ai pris l'engagement de n'entrer dans aucune autre affaire. Vous comprenez donc l'impossibilité où je me trouve de répondre à l'obligeante ouverture dont vous avez bien voulu vous charger.

» Ainsi que je l'écris à M. H. Peut, je désire et j'espère le succès de la grande et nationale entreprise à laquelle je regrette de ne pas pouvoir aujourd'hui m'associer, et je vous prie d'agréer l'expression de mes sentiments les plus affectueux.

» WOLOWSKI. »

Adhésion du Comité des Filateurs de coton du rayon de Lille.

« Lille, 27 Novembre 1855.

» Monsieur le Directeur du Comité d'organisation de la *Compagnie Commerciale de Dunkerque*.

» Le Comité des Filateurs de coton de Lille, ayant à traiter différentes questions, s'est réuni aujourd'hui. Profitant de

2

l'occasion, je lui ai donné connaissance de vos lettres des 7 et 16 Novembre, par lesquelles vous manifestez, au nom du Comité que vous présidez, le désir de voir figurer parmi les membres du Conseil d'administration de la *Compagnie Commerciale de Dunkerque*, les noms de plusieurs de mes collègues.

» Je m'empresse de vous faire connaître que les membres qui ont été désignés pour faire partie du conseil d'administration, sont :

» MM. Achille WALLAERT, filateur à Lille, vice-président du Comité des filateurs de coton ;

» Henri LOYER, filateur à Wazemmes, rapporteur du même Comité et membre de la Chambre de Commerce de Lille;

» Edmond COX, filateur à La Louvière, membre du Comité.

» Vous pouvez donc, Monsieur, inscrire ces noms dans les statuts qui seront fournis à l'approbation du Conseil d'Etat.

» Le Comité que je préside a compris combien il serait avantageux pour la filature de coton de Lille que le port de Dunkerque devînt le principal entrepôt de cotons d'Algérie. Le rayon industriel de Lille est en effet le centre le plus important de la filature des Géorgie longue soie, en France.

» Agréez, Monsieur, la nouvelle assurance de mes sentiments distingués.

» DE GRIMONPONT-VERNIER (1). »

---

(1) Voici en quels termes nous avons apprécié, le 1er Décembre 1855, l'importance de cette adhésion :

» Il y a peu de jours qu'en écrivant à Paris à une personne dont l'opinion dans les questions qui touchent l'Algérie, fait autorité au ministère de la guerre comme partout ailleurs, cette personne répondait à l'espoir que nous exprimions que le Comité des Filateurs de Lille adhèrerait au projet de créer un entrepôt de cotons à Dunkerque :

» L'adhésion des Filateurs de *Lille* sera la meilleure et la plus significative réponse à M. Emile Barrault, le solliciteur du monopole, qui, » dans le *Moniteur industriel*, a mis tout récemment ces Messieurs au

« Lille, le 29 Novembre 1855.

» Monsieur,

» Vous m'avez proposé de faire partie du conseil d'administration de l'entrepôt projeté à Dunkerque pour le commerce des cotons.

» L'examen sommaire que j'ai fait de ce projet m'ayant conduit à reconnaître combien il est dans la nature des choses, combien il promet d'avantages au commerce et à l'industrie, j'accepte volontiers votre proposition. Quoique sentant parfaitement mon insuffisance, je serai heureux d'apporter mon faible concours à cette œuvre importante pour l'avenir maritime et commercial du département du Nord.

» Recevez, je vous prie, Monsieur, l'assurance de ma considération très-distinguée.

» CHARIE. »

(N. D.) M. Charié est ingénieur en chef du département du Nord.

» défi d'agir, utilement, pour la propagation de la culture du coton en » Algérie. »

» Le Comité des Filateurs a dignement répondu à ce défi en nous faisant l'honneur de nous adresser la lettre suivante, signée de son honorable président, M. De Grimonpont-Vernier :

(Suit le texte ci-dessus reproduit.)

« Les choix faits par le Comité de Lille, ajoutions-nous, sont une haute signification de l'importance qu'attachent au projet de créer un marché de cotons à Dunkerque, les honorables représentants et défenseurs de l'industrie cotonnière du rayon de Lille, qui, *est, en effet*, comme le dit avec nous M. de Grimonpont-Vernier, *le centre le plus important de la filature des Géorgie longue soie, en France.*

« Ce que nous disions dans la lettre que nous avons écrite le 7 de ce mois, à M. le Président du Comité des Filateurs de coton de Lille se trouve donc confirmé par l'autorité la plus compétente :

« La question de l'importation des cotons et du transport des émigrants » par le port de Dunkerque, a fixé, disions-nous, d'autant plus l'atten- » tion de l'administration supérieure ainsi que du commerce maritime et » de l'industrie, que l'anomalie de ce qui existe est rendue plus frappante » encore par cette considération que le port de Dunkerque est appelé, par » sa position topographique, à devenir inévitablement le principal entrepôt » des cotons de l'Algérie, qui ne pourront manquer de trouver leur plus » important débouché dans les 74 filatures du département du Nord, où » le Géorgie longue soie, est employé dans la proportion de la moitié envi- » ron du nombre des 894,332 broches que comprennent ces 74 fila- » tures. »

« Dunkerque, 30 Décembre 1853.

» Monsieur le Directeur du Comité d'organisation de la *Compagnie Commerciale de Dunkerque.*

» Monsieur,

» J'ai pris connaissance des statuts de la *Compagnie Commerciale de Dunkerque.*

» Je déclare accepter la proposition qui m'a été faite de faire partie du conseil d'administration de cette Compagnie, conformément à l'art. 22, titre III des statuts.

» Je suis heureux de pouvoir donner mon concours à une entreprise qui, conduite avec intelligence, doit porter très-haut le crédit et la prospérité de la ville de Dunkerque.

» Agréez, Monsieur, l'assurance de ma parfaite considération.

A. VANDERCOLME,

Membre de la Chambre consultative d'Agriculture.

« Dunkerque, 30 Décembre 1853.

» Monsieur le Directeur du Comité d'organisation de la *Compagnie Commerciale de Dunkerque.*

» Après avoir pris lecture des statuts de la *Compagnie Commerciale de Dunkerque*, et des documents qui m'ont été soumis sur l'organisation de cette importante affaire, je n'hésite point à accepter les fonctions de membre du conseil d'administration de la dite Compagnie, en me conformant aux prescriptions de l'art. 22 des statuts.

» La réalisation de cette grande entreprise ne pourra manquer d'exercer la plus heureuse influence sur l'avenir de Dunkerque ; j'y entrevois une source féconde de prospérité qui se déversera dans toutes les classes de la population et y ramènera l'abondance comme aux jours de son ancienne splendeur.

» Agréez, Monsieur, l'assurance de ma considération distinguée.

» F. CAVROIS fils,

» Négociant. »

Indépendamment des adhésions que nous venons de reproduire, nous avons encore recueilli celles de MM.

Mollet, Maire de Dunkerque; Dickson, gérant-directeur de la manufacture de lin de Coudekerque-Branche, et de M. Jules Decroix, de la maison Jules Decroix et Ce de Lille, banquier et membre de la Chambre de Commerce de Lille. — Ces Messieurs font partie du conseil d'administration.

C'est ainsi qu'en moins de deux mois, après la publication de notre travail, nous obtînmes avec l'intelligent et énergique concours de MM. L. Couailhac, Ad. Meurisse de St-Hilaire, Lomon et Laligant, qui furent infatigables, l'adhésion des hommes les plus haut placés dans le département du Nord, soit dans les administrations, soit dans la banque, le commerce et l'industrie. — Nous ne saurions encore omettre ici le nom de M. H. Peut, l'habile directeur des *Annales de la Colonisation algérienne,* qui prit également cette entreprise à cœur et nous rendit à Paris des services dont nous avons conservé un souvenir de vive reconnaissance.

Forts de toutes ces sympathies, des éclatants succès obtenus dans un aussi bref délai, nous allions enfin aboutir. Grâce à l'expérience, aux hautes lumières de son premier magistrat, à M. Besson; à l'impulsion simultanée de Lille et de Dunkerque; à d'intelligents et de puissants auxiliaires de Paris, le département du Nord allait voir s'organiser la plus vaste opération commerciale qui eût encore été créée dans notre riche et belle Flandre.

Malheureusement les graves complications de la question d'Orient vinrent subitement tout arrêter, aussi bien en Angleterre qu'en France, où non-seulement toutes les nouvelles opérations industrielles furent paralysées dans leurs moyens d'action, mais encore où toutes les bonnes valeurs virent leur cours se déprécier, alors que leurs produits, comme les lignes de chemin de fer, augmentaient chaque jour.

Vainement, depuis lors, avons-nous été harcelés de toutes parts par des esprits généreusement impatients, il a fallu, avec nos collaborateurs, résister à ces obsessions irréfléchies.

Tout vient à point à qui sait attendre; tandis qu'une folle précipitation pouvait tout gâter, compromettre non-seulement le présent mais encore l'avenir.

Aussi fûmes-nous entièrement de l'avis de l'honorable et habile financier qui nous écrivait au mois de mars dernier :

« Il y aurait témérité à lancer en pareil moment cette » opération ; ce serait, à mes yeux, perdre de gaieté » de cœur une affaire dont le succès, pour être ajourné, » ne me paraît pas moins assuré. C'est vous dire que je » crois toujours devoir rester l'arme au bras jusqu'à ce » que l'horizon s'éclaircisse....... »

Vienne donc l'éclaircie tant désirée et de nouveau l'on nous verra, de concert avec nos collaborateurs et amis, remettre à l'œuvre, pleins d'espoir et de confiance dans un succès complet. Car si ce n'était que sur des hypothèses pures et simples que nous aurions basé une pareille entreprise, nul doute que nous n'eussions point rencontré de toutes parts une foi aussi vive dans une affaire dont l'exposé a paru à tous saisissant par sa simplicité même et par des statistiques où rien n'est hasardé, car tout y est authentique, officiel.

Ce travail que nous avons publié au mois d'octobre dernier (1853) a été depuis lors entièrement refondu et a subi des augmentations considérables ; il offrira d'ailleurs un intérêt d'actualité, en ce que nous reproduisons les chiffres que contiennent les derniers tableaux et états publiés en France et à l'Etranger, qui ont trait à l'industrie cotonnière et au transport des émigrants.

Mais, afin que nos lecteurs puissent saisir l'ensemble de cette opération à la fois simple et complexe; simple, en ce qu'elle est basée sur des données à la portée de toutes les intelligences ; complexe, en ce qu'elle embrasse des intérêts multiples qui semblent divers quoique se rapportant à un même tout ; nous reproduisons l'extrait suivant d'une lettre que nous écrivîmes à Paris, au mois de septembre 1853 :

« Dunkerque, le 16 septembre 1853.

» Mon cher Monsieur,

» Plus nous paraissons approcher du but et plus je suis pénétré de la nécessité d'un travail préparatoire qui serve, en quelque sorte, de charpente à notre organisation intérieure et extérieure. Cette organisation, comme je vous l'ai dit et redit, sera un bien lourd fardeau, et c'est de la solidité de ses bases que dépendra tout l'avenir de notre Compagnie.

» Si, dans les armes, ce n'est pas tout de vaincre et qu'il faille encore savoir profiter de la victoire ; en affaires, ce n'est pas tout de dresser des statuts accompagnés d'exposés plus ou moins explicites ; ce n'est pas tout d'avoir une idée belle et grande ; ce n'est pas tout d'avoir de l'argent pour faire féconder cette idée ; il faut encore et surtout s'être profondément pénétré d'avance du but vers lequel on tend, connaître tous ses tenants et aboutissants, pour faire loyalement fructifier cet argent dans l'intérêt de tous.

« Cela posé et admettant la constitution de notre Compagnie un fait accompli, que faudra-t-il d'abord ?

» Il faudra, ce me semble :

» 1° Un système de comptabilité où règne l'ordre le plus sévère ; où, tout en éliminant les superfétations, les doubles emplois, l'on réduise la besogne à sa plus simple expression, afin de connaître, chaque jour, la véritable situation des choses.

» 2° Aller étudier dans leurs nombreux détails, dans les Villes Anséatiques et spécialement à Brême et Hambourg, ces espèces de cités ouvrières fondées par les

Compagnies qui sont en relation avec les Etats-Unis, où les émigrants sont hébergés et sont ainsi mis à l'abri de la rapacité des exploiteurs, depuis le moment de leur arrivée jusqu'à celui de leur embarquement.

» Il y aura d'ailleurs à se livrer à bien d'autres études dans les Villes Anséatiques comme à Liverpool et à Anvers. Il serait trop long de les énumérer ici.

» 3° Je vous l'ai déjà dit bien des fois, comme il importera de donner, dès le principe, une grande idée de la Compagnie aux planteurs et armateurs américains, il faudra débuter par l'envoi simultané de 10,000 émigrants qui seront répartis sur des bâtiments de 6 à 800 tonneaux (1) appartenant aux armateurs de Dunkerque et de nos autres ports.

» Le nolisement de ces bâtiments, les relations à établir avec les agents d'émigration, etc., etc., tout cela nous demandera notre hiver et nous pourrons ainsi être prêts pour le printemps.

» 4° Point essentiel, c'est le départ immédiat pour New-York de deux émissaires actifs, intelligents, sachant parfaitement parler anglais et correspondre dans la même langue.

» Ces émissaires auront pour mission de s'aboucher avec les planteurs du Nord, tout d'abord, du Sud, ensuite. Ce sont ces derniers, vous savez, qui veulent s'affranchir des premiers.

» Mais c'est là une mission fort délicate.........

» 5° Il conviendra d'aller voir les filateurs de nos départements septentrionaux, puis ceux de l'Alsace pour leur démontrer les avantages qu'ils trouveront à s'alimenter de leur matière par le port de Dunkerque.

» 6° Ne point perdre de vue l'Algérie surtout, car il y a là un avenir immense, et de belles affaires à tenter dans

(1) De 1848 à 1851, le tonnage moyen des navires américains naviguant entre le Havre et la Nouvelle-Orléans n'a pas été moins de 700 tonneaux.

le genre de celle que réalise depuis quelque temps le département de la Haute-Saône.

» Dans ce qui précède il n'est pas question d'une foule de choses qui ne sauraient être passées sous silence, lorsqu'on connaît le parti qu'en ont tiré le Lloyd de Londres et le Lloyd autrichien, à Trieste. Cette dernière compagnie a vu si loin dans l'avenir qu'elle publie elle-même aujourd'hui jusqu'à neuf journaux en allemand et en italien (1).

« Tout cela se trouvera développé avec chiffres et documents officiels à l'appui, dans un travail auquel je m'occupe en ce moment.... »

Voici maintenant la première partie de notre travail ; nous publierons en temps opportun, les deux autres parties qui le compléteront. Ce complément comprendra : 1° Une description détaillée des maisons qui existent à Brême, à Hambourg, à Liverpool, etc., où sont reçus les émigrants qui y restent jusqu'au moment de leur embarquement ; — 2° Une liste analytique des nombreuses sortes de coton, longue et courte soie, de provenances diverses, qui donnent lieu aux transactions habituelles du commerce ; — 3° Un projet de règlement de la *Compagnie commerciale de Dunkerque*, où se trouve développé tout ce qui se rapporte à l'organisation intérieure et extérieure de la Compagnie ; — 4° Enfin une collection de documents inédits du plus haut intérêt.

(1) Voir la note page 8.

QUESTION
DE L'IMPORTATION DES COTONS
ET DU
TRANSPORT DES ÉMIGRANTS
PAR
LE PORT DE DUNKERQUE

COMPAGNIE COMMERCIALE DE DUNKERQUE

CAPITAL SOCIAL : 20 MILLIONS

EXPOSÉ DES MOTIFS

CONSIDÉRATIONS GÉNÉRALES

De même que l'union fait la force, l'Association, qui est l'union des facultés intellectuelles et des moyens matériels, fait les grandes entreprises et ces entreprises en enrichissant les individus enrichissent aussi les Etats.

S'il est une contrée au monde où ces vérités élémentaires devraient être efficacement comprises, c'est la France, pays méditerranéen, dont les frontières de terre comme de mer, mettent en relation le Nord et le Sud, l'Est et l'Ouest de l'Europe ; la France qui étend ses bras puissants sur trois mers et qui unit les Alpes aux Pyrénées, comme le Rhin lui rattache l'Allemagne.

Malheureusement, là même où la nature a été si prodigue de ses faveurs, l'homme, en matière commerciale, est resté au-dessous de sa tâche, et c'est avec grande raison que M. Blanqui aîné a dit : « Nous » sommes en France aux premiers éléments du com» merce ; à peine dans quelques cités maritimes telles » que Marseille, le Havre et Bordeaux, se livre-t-on » aux grandes spéculations qui ont élevé si haut la » prospérité de l'Angleterre et de la Hollande. *Le Com» merce se fait généralement parmi nous terre à » terre.....*

» *Nous avons,* dit ailleurs le même économiste, » *beaucoup de marchands, mais peu de négociants » dignes de ce nom.* »

Il y eut cependant une époque où l'on parut comprendre en France que l'Association est la base et le moyen des grandes opérations commerciales ; mais un esprit d'agiotage sans règle et sans frein fit tout échouer, et pendant que la confiance fut de toutes parts, ébranlée par l'avortement d'entreprises mal conçues et trop souvent d'une loyauté équivoque, on vit, à l'étranger, entre tant d'autres opérations vraiment sérieuses, se fonder à Vienne cette *Compagnie impériale d'Autriche pour la navigation à vapeur sur le Danube*, qui, dès 1848, c'est-à-dire après vingt années à peine de sa fondation, vit son capital *centuplé*, et s'élever de cent mille florins à neuf millions huit cent mille florins.

L'effectif de la flotte à vapeur de cette compagnie qui a commencé avec un seul et unique bâtiment est aujourd'hui de *sept cents bateaux* de toute grandeur et de toute nature et son capital a été porté l'année dernière à *dix-sept millions de florins.*

C'est ainsi qu'en moins d'un quart de siècle, la Compagnie impériale de Vienne, qui a plus d'extension aujourd'hui que le *Lloyd autrichien* à Trieste, est devenue l'une des compagnies maritimes les plus considérables et les plus importantes que l'on connaisse en Europe (1).

Si nous n'avons aucun exemple de ce genre à citer en France, la raison, d'après ce que nous venons de dire, en est très-simple, et nous trouvons cette raison jusques dans les documents officiels. En effet, dans un rapport sur les relations commerciales de la France avec la Louisiane, communiqué au mois de mai 1838 aux chambres de commerce par le Ministre du Commerce, l'auteur s'exprime ainsi :

« Ici comme ailleurs nous manquons de maisons de
» commerce de premier ordre qui puissent opérer sur
» une grande échelle et exploiter convenablement le
» pays...... »

DE L'ALGÉRIE

Il y a neuf ans passés, le 15 Février 1845, que nous livrant à quelques réflexions sur l'Algérie, nous disions :

« Une remarque qui a dû frapper vivement tout homme pour qui la prospérité et la gloire de la France ne sont pas de vains mots, c'est que M. le maréchal Bugeaud, dans son discours du 24 Janvier dernier, à propos du paragraphe du projet d'adresse, relatif au traité de paix avec le Maroc, ait considéré comme un résultat d'une importance sérieuse l'immigration, depuis notre conquête, de 75,000 européens en Algérie.

» Nous demandons si, après quinze années de sacrifices incessants en hommes et en argent, il y a bien lieu de s'enorgueillir d'un résultat pareil, et de reproduire cette phrase stéréotypée depuis quinze années, que *les charges imposées à nos finances n'ont point empêché d'étendre et de consolider notre domination en Algérie.*

(1) Voir le *Moniteur* des 11 et 15 juin 1853.

» En vérité, lorsqu'on se représente les effets de la merveilleuse puissance colonisatrice des Romains, et de nos jours des Anglais, on serait tenté de conclure que les Français ne sont pas suffisamment pourvus du génie d'organisation pour prétendre à l'honneur de rétablir sur le sol de l'Afrique ces greniers d'abondance qui approvisionnaient le vaste empire de Rome.

» Certes, de sages avis n'ont point fait défaut au Pouvoir; aujourd'hui encore, le journal l'*Afrique* (1) remplit sa belle mission en faisant bonne justice de ces étrangers paradoxes que *les institutions civiles énervent les États*......

» Quoiqu'il en soit, et dans l'attente de temps meilleurs, nous croyons pouvoir émettre une idée qui nous semble mériter plus d'un sérieux développement.

» On estime la population de toute l'Algérie à un million et demi, sur une étendue de 10,000 lieues carrées. Le moyen le plus efficace d'augmenter cette population serait, sans nul doute, comme le dit l'*Afrique, l'assimilation immédiate de l'Algérie à la France,* qui attirerait les colons européens qu'en tient éloignés le régime militaire; mais un complément, qui nous semble indispensable, pour que cette grande mesure administrative produisît rapidement des résultats aussi désirables, ce serait de décréter LA FRANCHISE DES PORTS DE L'ALGÉRIE.

» L'établissement commercial de Sincapour fondé dans le détroit de Malaca par la compagnie des Indes, offre un exemple frappant de ce que les Anglais sont parvenus à faire de cette ville en lui accordant la franchise. En 1824, la population de cette île n'était que de 10,683 habitants. La souveraineté et la propriété du territoire furent à peine conférées en 1825 à l'Angleterre par une convention avec le roi de Hollande et un

(1) L'*Afrique* avait été fondé par M. Hippolyte Peut, aujourd'hui le Directeur des *Annales de la Colonisation Algérienne.*

traité avec les princes malais de Johore, auxquels l'île appartenait, que déjà en 1833 cette population était de 20,970. Elle a *triplé* depuis lors.

» Si le régime des franchises n'était pas de nature à favoriser éminemment le rapide développement des colonies, nous ne verrions pas aujourd'hui l'Angleterre compter plus de QUARANTE PORTS OU ENTREPOTS FRANCS (*free Warehousing Ports*) dans ses colonies de l'Amérique; nous n'aurions pas vu l'Angleterre déclarer *Ports francs*, par un acte du 22 février 1832, *dix-neuf mois* après la conquête d'Alger, les différents ports du Cap de Bonne-Espérance, de la ville du Cap (*Cap Town*), de *Simon's Town, Port Elisabeth....* »

L'*Afrique*, en reproduisant les réflexions qui précèdent, ajouta:

« M. Vanderest a raison, et nous reproduisons avec empressement un article qui démontre si clairement les abus du régime fiscal, et l'opportunité qu'il y aurait eu d'entrer, à l'égard de l'Algérie, dans une voie large et féconde de franchises commerciales.

» Le Commerce, en effet, a besoin de liberté; l'enchaîner, le gêner seulement, c'est exercer une influence fâcheuse sur la consommation, et par conséquent sur la production; la production étant en rapport constant avec le bien-être des classes laborieuses.

» On conçoit des tarifs et des lignes de douanes dans d'anciens états obligés de subir les conséquences de leur passé, de ménager des intérêts consacrés par le temps, de se soustraire, par une production forcée, à des tributs onéreux, ou aux dangers que des relations hostiles avec leurs voisins pourraient entraîner dans l'avenir; mais on ne les comprend plus dans de jeunes états dont on veut rapidement constituer la puissance. Là, plus il y aura de libertés et de franchises, plus on verra affluer les hommes et les capitaux. Les premiers, parce qu'ils sont certains de trouver une existence facile; les seconds, parce que le mouvement toujours croissant des affaires leur offrira un placement avantageux et assuré. Toutes conséquences qui s'enchaînent et se soutiennent.

» Comment, dès lors, concevoir l'imprudence d'une administration qui enlace une naissante colonie dans les mille et un liens de la fiscalité, au risque de l'étouffer en son berceau. Lorsqu'elle serait devenue vigoureuse, qu'elle serait arrivée à l'âge mûr, n'aurait-il pas toujours été temps, si l'on eût voulu, de lui imposer des entraves dans lesquelles s'agitent si péniblement nos vieilles sociétés d'Europe. Que dirait-on d'un père qui écraserait la jeune organisation de son enfant sous le poids de travaux au-dessus de son âge? On l'accuserait de folie......

» Le gouvernement, d'ailleurs, avait dans cette circonstance une ligne de conduite toute tracée. Elle était large, grande, digne, éclairée.

» Il pouvait dire aux puissances de l'Europe : « Je vous ouvre et vous abandonne les ports de l'Algérie; en dédommagement de cette concession, qui chaque année doit prendre une nouvelle importance, accordez-moi un dégrèvement équivalent sur l'exportation des produits nationaux », et les puissances le lui auraient accordé. Tout le monde aurait gagné à cet accord: Les puissances de l'Europe, parce qu'un nouveau continent aurait été ouvert à leur commerce ; la France, parce qu'elle aurait augmenté et amélioré des débouchés; l'Algérie, parce qu'elle aurait eu à sa disposition le plus puissant élément de prospérité coloniale, la liberté.

» Au lieu de cela qu'a-t-on fait? On a écrasé d'impôts, de tarifs, de droits de toute nature, un pays qui n'avait aucune vie propre, aucune richesse réelle, aucune production sérieuse; arrachant ainsi à la colonisation les quelques ressources que les habitants auraient pu si fructueusement employer à des travaux productifs et à d'utiles établissements agricoles ou commerciaux........

» Nous joignons nos vœux à ceux de M. Vanderest, pour que le gouvernement revienne à de plus sages conseils, et décrète la FRANCHISE DES PORTS DE L'ALGÉRIE.

» Dix années de liberté feraient plus pour l'Afrique, que cent années du régime actuel ».

Ce que nous disions en 1845 de la franchise des ports de l'Algérie, nous pourrions aujourd'hui le redire avec d'autant plus de raison que la plupart des états maritimes de l'Europe et de l'Amérique ont accordé depuis lors des immunités, des franchises restreintes ou absolues, à un nombre considérable de ports et de colonies; mais nous aurions à nous livrer à des développements qui seraient un hors-d'œuvre pour le sujet que nous avons à traiter spécialement.

Disons-le bien haut toutefois : Autant, en 1845, étions-nous profondément attristé, en voyant l'or et le sang de la France aller se perdre sans fruit sur ce sol africain, naguère l'orgueil des dominateurs du monde ; autant sommes-nous aujourd'hui plein de foi dans l'avenir de ce sol, dans sa merveilleuse fécondité qui, dans un temps peu éloigné, promet de payer au centuple les sacrifices qu'a subis sa métropole avec une résignation qui mérite, il faut l'avouer, une gratitude profonde, malgré l'opposition de quelques esprits excentriques, opposition qui devait rester et est restée effectivement sans écho sur cette noble terre de France, qui peut bien déchoir, dans ses jours d'épreuves, dans l'estime des peuples, mais qui bientôt se relève, sous l'œil de la Providence, aussi forte et fière que généreuse pour se placer à l'avant-garde de la civilisation.

Mais, trêve de sentimentale phraséologie et venons aux faits.

Abstraction faite de l'Algérie, on trouve, d'après les documents officiels, que notre commerce colonial proprement dit est demeuré dans un intervalle de 14 ans, de 1838 à 1852, presque stationnaire.

En effet, en 1838, nos transactions avec nos quatre colonies à culture (Guadeloupe, Martinique, Guyane et Bourbon) ont présenté une valeur collective de 110 millions ; en 1852 cette valeur atteint à peine à 120 millions.

L'Algérie offre heureusement, à partir de 1849 surtout, des résultats de nature à nous consoler de ces tristes déceptions. Il importe toutefois de faire remarquer que l'énorme différence qui a existé jusqu'ici entre nos importations d'Algérie et l'exportation que fait la métropole pour cette colonie, s'explique par le rapide accroissement de nos colons, par la présence de notre armée et de nos agents administratifs sur ce sol; de sorte qu'en ce qui concerne les exportations de France pour l'Algérie, il y a là tout à la fois débouché extérieur et déplacement d'un approvisionnement intérieur.

De 1831 à 1841, la somme générale de nos échanges avec l'Algérie ne s'était graduellement élevée qu'à un peu plus de 42 millions, tandis que de 1842 à la fin de 1852, la valeur des échanges atteint à près de 123 millions.

Le mouvement a donc été, durant ces onze dernières années trois fois aussi rapide que durant les onze premières.

L'exportation de l'Algérie pour la France a pris de 1849 à 1852 un accroissement tel qu'elle s'est élevée de 8 millions à 18 millions. Le chiffre de cette exportation ne s'était élevé en 1847, l'année la plus prospère depuis la conquête, qu'à 5,051,000.

Mais ce qui a essentiellement contribué à cet accroissement, c'est *l'assimilation* commencée par la loi douanière du 11 janvier 1851, année pendant laquelle l'exportation de l'Algérie en France s'est élevée à 16,615,000 de 6,696,000 qu'elle avait été, l'année précédente, en 1850, et de 8,042,000, en 1849.

Tant il est vrai que, ainsi que M. H. Peut le disait en 1845 et le répète en juin 1854 : « *La colonisation vit surtout de* LIBERTÉ. »

Aussi, M. de Saint-Genis, directeur des douanes de l'Algérie, dans son exposé du mouvement commercial de l'Algérie, 3e trimestre 1853, termine-t-il ce document remarquable à tant de titres, par les conclusions suivantes :

« Augmentation des revenus de la douane et diminution de ceux de l'octroi colonial ; activité satisfaisante dans les opérations commerciales à l'entrée ; exportations considérables et importantes des produits algériens; extension des rapports avec la France, dans le commerce de laquelle, naguère reléguée aux derniers rangs, la Colonie a pris en 1852 la *septième place sur trente-six puissances.* »

D'un autre côté, le *Moniteur Universel*, du 22 Mai dernier, a publié un rapport adressé à l'Empereur par S. Exc. le ministre de la guerre sur les progrès de l'Algérie pendant l'année 1853.

Tout en reproduisant les principales parties de ce rapport dans les *Notes et Documents* qui se trouvent à la fin de cet ouvrage, nous ne pouvons nous abstenir cependant d'extraire ici de ce rapport que nous avons lu et relu avec un juste sentiment d'orgueil patriotique, les chapitres qui se rapportent essentiellement à notre travail.

Voici en quels termes s'exprime M. le ministre de la guerre sur *un pays qui est peut-être destiné à devenir les Indes de la France :*

« **Fertilité de l'Algérie.** — Je n'irai pas demander à l'histoire ancienne un certificat de fertilité en faveur de l'Algérie, en rappelant que cette contrée était autrefois surnommée *le grenier de Rome.* Il suffit de constater qu'*en 1853 notre colonie a fourni à la France près de 1 million d'hectolitres de céréales, d'une valeur de plus de 14 millions de francs;* qu'elle produit des blés tendres, *comme jamais il n'en a été récolté en France, pesant 86 et 88 kilogrammes l'hectolitre*, au lieu de 75 et 76 kilogrammes; que ses seigles ont un grain d'une si belle apparence et si nourri, qu'on a pu les confondre souvent avec des blés durs; enfin, que certains grains de blé ont produit 150 épis, et certains grains d'orge jusqu'au chiffre merveilleux de 312 épis.

» Je n'ai pas la pensée de présenter ce fait comme un résultat normal; mais, tout exceptionnel qu'il est, il servira à faire apprécier la fertilité de cette terre redevenue vierge par un repos de tant de siècles.

» Sans doute, le million d'hectolitres de céréales exportés d'Algérie est peu de chose, si l'on considère l'étendue du pays qui les a produits; il est beaucoup, si l'on s'arrête à cette pensée, qu'avant la loi des douanes, notre colonie tirait la majeure partie de son blé de l'étranger, et que, depuis deux ans à peine, les colons ont commencé à donner quelque extension à leurs ensemencements.

» **Culture du Coton.** — L'illustre colonisateur de l'île de France (1) a dit : « Il suffit d'une plante pour faire la richesse d'une nation. »

» Ce mot, dont l'histoire de plusieurs peuples atteste la vérité, devra une consécration nouvelle à l'histoire de l'Algérie. La sensation produite dans ce pays par la révélation inattendue des premiers résultats sérieux obtenus par la culture du coton, l'essor merveilleux qu'a pris cette culture en quelques mois, presque en un instant ; ce sentiment des masses qui rarement se trompe, tout prouve que cette plante est trouvée.

» Jusqu'en 1853, on ne peut qualifier que d'essais les efforts qui avaient été tentés pour la culture du coton, et cependant l'Angleterre, si bonne appréciatrice en ce genre de produits, accordait à l'exposition de Londres, 11 récompenses aux échantillons de l'Algérie; depuis 1853, cette culture est définitivement acquise à ce pays.

» Pour justifier les espérances auxquelles a donné lieu l'introduction de la culture du coton en Algérie, pour bien se rendre compte de l'influence qu'elle est appelée à exercer sur ce pays, j'ai besoin de rappeler des faits et de produire quelques chiffres.

» En 1736, il y a un peu plus de cent ans, le cotonnier, qui fait aujourd'hui la richesse de l'Amérique du Nord, n'y existait qu'à l'état de plante d'agrément.

» En 1790, l'exportation était de 89 balles.

» Actuellement, les Etats-Unis produisent 3,200,000 balles.

» On peut juger par ce simple rapprochement de la rapidité avec laquelle cette culture a progressé dans l'Amérique du Nord.

» A côté de la production des Etats-Unis, il n'est pas inutile de se rendre compte de la consommation en Europe; la voici :

» En 1853, l'Angleterre a importé de tous pays, 2,264,170 balles, soit près de 330,000,000 kilog.

(1) Le lyonnais Poivre.

» Pendant la même année, la France a importé 460,000 balles, soit près de 69,000,000 kilog.

» Les autres contrées européennes consomment environ 800,000 balles, d'un poids de 120,000,000 kilog.

» Soit, en totalité, 3,524,170 balles, et 532,000,000 kilog.

» Tel est le marché qui s'ouvre devant la production algérienne, à une époque où l'exportation américaine diminue, parce que les États-Unis fabriquent actuellement les tissus dont ils fournissaient seulement autrefois la matière première (1), à une époque où les manufacturiers commencent à se préoccuper sérieusement du renchérissement des cotons.

» Comme si la Providence n'avait point voulu marchander à l'Algérie l'étendue de son bienfait, il est aujourd'hui reconnu que les deux variétés de coton qui réussissent le mieux dans ce pays sont : Celle dont le prix est le plus élevé, parce que l'Amérique ne peut en fournir que 30,000 balles, ou celle dont le rendement est le plus considérable.

» L'Algérie a compris quelle influence cette productive culture doit avoir sur ses destinées : Européens et Arabes se sont mis à l'œuvre, *et en une année le département d'Alger a décuplé ses ensemencements en coton.*

» C'est au milieu de cette émotion générale que sont intervenus les mesures que Votre Majesté m'a ordonné de lui soumettre pour encourager et développer en Algérie

(1) En 1825, l'Union américaine ne livrait encore à ses manufactures qu'environ 80,000 balles de coton.

En 1835, ce nombre s'élevait à 216,000 ; en 1845, on l'évaluait à 390,000. Enfin en 1851, la consommation s'élevait à 550,000 balles, et en 1852, à 603,049 balles. — Cette dernière quantité représente environ 403 millions de kilogrammes, soit près du double de ce que les États-Unis livraient en 1851 à la France (53 millions).

La manufacture américaine est donc parvenue dans le cours de 11 ou 12 ans, à doubler à très-peu près sa production cotonnière, et à se placer au niveau, sinon au dessus, de celle de la France.

Elle ne livrait à l'étranger, en 1825, que pour 900,000 dollars (4,815,000 fr. en comptant le dollar à 5 fr. 35 c.) environ de cotonnades. En 1845, ses exportations de l'espèce s'élevaient à 4,083,385 dollars ou plus de 21 millions de francs. Enfin, en 1851, l'exportation atteignait le chiffre de 38,424,000 francs.

Dès 1846, l'industrie cotonnière américaine avait déjà fait de tels progrès qu'elle paraissait sur le marché de Liverpool, où elle venait faire concurrence aux cotons anglais. Les marchés de l'Inde et de la Chine reçoivent aussi maintenant en quantités croissantes.

cette source féconde de richesses. Aussi, un immense cri de reconnaissance a-t-il accueilli ces décrets, et notamment celui par lequel Votre Majesté a fondé, pendant cinq années consécutives, et indépendamment des encouragements accordés sur les fonds de mon département, un prix de 20,000 francs en faveur du planteur des trois provinces qui sera jugé avoir récolté sur la plus vaste échelle les meilleurs produits en coton.

» Cette grande, généreuse et politique mesure a montré à l'Algérie l'importance qu'elle devait attribuer au développement rapide de l'industrie cotonnière, et augmenté la reconnaissance de ses habitants pour Votre Majesté.

» **Relevés de la douane.** — Ces relevés prouvent que, pendant l'année 1853, le mouvement commercial de l'Algérie a été :

A l'importation, de..............	72,788,015
A l'exportation, de..............	30,782,592
Total.......	103,570,607

» *En* 1852, *le chiffre des exportations de l'Algérie avait été seulement de* 21,554,519 fr.; *d'où il ressort en faveur de* 1853 *une augmentation* de 9,228,073 fr.

» Afin de bien juger du rang d'importance qu'occupe l'Algérie dans le commerce de la France, il ne sera pas sans intérêt de chercher quels sont les pays qui entretiennent avec nous un commerce plus considérable que l'Algérie.

» Or, en se reportant au dernier tableau général des douanes, on voit que les seuls états avec lesquels la France ait entretenu, en 1853, un commerce dont les résultats se traduisent par un chiffre supérieur à 103,500,000 fr. sont : L'Angleterre, les Etats-Unis, la Belgique, la Sardaigne et la Suisse. L'Algérie passe avant l'Espagne, qui n'a donné lieu qu'à un mouvement commercial de 97 millions.

» *D'où il résulte que l'Algérie occupe le sixième rang dans le commerce général de la France* (1)......... »

Nous voudrions maintenant entrer dans quelques détails, en constatant les progrès de l'immigration en Algérie ; mais nous devons forcément nous restreindre

(1) Voir pages 33 et 34, les conclusions de M. de Saint-Gaux, Directeur des Douanes de l'Algérie.

à quelques renseignements que nous empruntons aux *Annales de la Colonisation Algérienne*, cette excellente et précieuse publication que nous voudrions voir répandre jusques dans nos plus chétives communes, pour faire justice de cette ignorance profonde, honteuse disons-nous même, qui règne encore généralement en France, de tout ce qui se rapporte à nos magnifiques possessions du nord de l'Afrique.

C'est le département de la Haute-Saône qui, le premier, a donné un exemple que la France entière devrait tenir à honneur de suivre.

Durant les huit premiers mois de 1853, ce département avait donné plus de 500 émigrants à l'Algérie. Ce mouvement est allé sans cesse en augmentant, et pendant le premier trimestre de cette année (1854), il est parti du même département 553 émigrants pour Alger.

Nous voyons, d'un autre côté, par le deuxième rapport du conseil d'administration de la Compagnie Génevoise des colonies de Sétif, province de Constantine, que cette Compagnie, n'ayant pas encore une année d'existence, avait terminé la construction du premier village, celui d'*Aïn-Arnat*, près de Sétif, et qui se compose de 50 habitations, lesquelles sont occupées par des colons suisses, la plupart Vaudois.

L'achèvement de la construction d'Aïn-Arnat a été immédiatement suivi de la construction de quatre autres villages, situés à proximité, et qui s'appelleront *Bouhira*, *Aïn-Messaoud*, *Mahouan* et *El Ouricia*.

M. le Ministre de la guerre, par dépêche du 6 Janvier dernier, a pris l'engagement d'accorder à la Compagnie de Genève une nouvelle concession de 80,000 hectares, dans le cas où cette Compagnie aurait, à la fin de 1854, complètement terminé et peuplé cinq villages, c'est-à-dire exécuté la moitié des conditions stipulées par le décret impérial du 26 Avril 1853, accordant une première concession de 20,000 hectares.

En vertu de cette décision, ce ne sont plus seulement *dix* villages, ce sont *cinquante* villages, peuplés chacun de cinquante familles, que la Compagnie Genevoise prend l'obligation de construire et d'installer ; et comme jusqu'à présent la moyenne du personnel des familles qu'elle a introduites en Algérie est de 7 individus, hommes, femmes et enfants, ce sera donc une population agricole de 17,500 personnes qui aura été implantée, d'ici à peu d'années, en Algérie, par les soins d'une seule compagnie.

Enfin, dans le département des Côtes-du-Nord, la *Société Bretonne de Colonisation* s'organise pour donner un nouvel élan à la colonisation de l'Algérie, par la création de villages peuplés d'agriculteurs bretons.

C'est à MM. A. et F. Bourel-Roncière que revient l'honneur d'avoir pris l'initiative de cette grande et belle entreprise, qui compte au nom de ses commanditaires fondateurs Mgr Le Mée, évêque de St-Brieuc et de Tréguier, et les personnes les plus honorables de St-Brieuc.

Le *Publicateur des Côtes-du-Nord*, en annonçant la formation de la *Société Bretonne de colonisation*, s'est exprimée d'une manière frappante de justesse et de raison :

« Suivant l'exemple des grands peuples qui se sont établis sur des espaces inoccupés, la Société débutera par la culture pastorale,..... Dans peu d'années, par l'accroissement des troupeaux, les revenus s'élèveront à plus de 50 pour cent. Nous avons en Algérie de vastes et fertiles pâturages ; sachons les utiliser, et souvenons-nous que les laines de l'Australie enrichissent l'Angleterre autant que les mines d'or. »

Quelles réflexions ne pourrions-nous pas faire ici ? mais, restreint que nous sommes par les limites que nous avons dû nous poser, nous dirons avec M. Peut :

« Un million de français en Algérie, et la colonie produira chaque année des dixaines de millions, et la France aura la libre disposition d'une armée de 80,000 hommes, et la Marine française verra plus que doubler son importance actuelle. »

Et en apprenant que le succès recueilli par la Compagnie Génevoise de Sétif, a déterminé, plusieurs compagnies, tant françaises qu'étrangères à suivre cet exemple, nous redisons après M. le Ministre de la Guerre, dont nous reproduisons en grande partie le rapport publié par le *Moniteur* du 22 Mai dernier (1) :

« *Combien ne serait-il pas à souhaiter, cette première expérience faite, que les Conseils généraux reprissent un projet sur lequel mon département de concert avec celui de l'intérieur, avait appelé leur attention, à savoir : La création de villages départementaux peuplés par des habitants d'un même département, et portant le nom de ce département !*

» *La réalisation d'un semblable projet, exécuté avec ensemble, serait digne de la France, et aurait des résultats aussi profitables pour la métropole que pour l'Algérie.* »

Nous ne saurions achever ce chapitre relatif à l'Algérie sans faire mention des 107 balles de coton, courte et longue-soie, récolté dans nos possessions du Nord de l'Afrique, qui viennent d'arriver (14 Juin 1854) au Havre, par le navire *la Berthe*, venant d'Alger. Le Gouvernement, à qui ces cotons appartiennent, a chargé MM. Masquelier, du Havre, d'en opérer la vente aux enchères publiques, afin qu'un grand nombre de Filateurs puissent acheter de ces cotons français et faire l'essai de leur qualité (2). — Nous trouvons dans le

(1) Voir les *Notes et Documents* à la fin de cet ouvrage.

(2) Les rapports que M. Edmond Cox, a adressés le 4 du mois d'Octobre 1853, et le 16 Février dernier à M. le Ministre de la Guerre, sur des cotons Géorgie longue-soie de l'Algérie, sont si remarquables, que nous ne pouvons nous abstenir d'en donner les extraits suivants. Nos lecteurs se rappelleront que M. Cox, qui est filateur à la Louvières-lez-Lille, est l'un des trois membres désignés par le Comité des Filateurs de Lille, pour faire partie du Conseil d'administration de la *Compagnie Commerciale de Dunkerque.*

Voici les extraits dont il s'agit :

« L'Algérie, disait M. Cox, dans son rapport du 4 Octobre 1853, paraît être entrée dans une voie excellente par rapport à la culture du

Courrier du Havre les renseignements suivants sur ce coton :

« Depuis trois ans à peine, les colons de l'Algérie stimulés par le Gouvernement, s'occupent sérieusement de la culture

Géorgie longue-soie, qui avait été jusqu'ici l'apanage presque exclusif des planteurs américains de la Géorgie et de la Caroline du Sud, c'est-à-dire qu'il semble parfaitement démontré aujourd'hui que cette riche et intéressante culture peut devenir un des éléments les plus avantageux de la production algérienne. *Il résulte, en effet, des expériences et des comparaisons que j'ai été à portée de faire depuis trois ans sur les longue-soie d'Algérie, issus de bonnes graines d'Amérique et confiés à des terrains convenables, que l'espèce, loin de dégénérer, acquiert en s'acclimatant sous le ciel d'Afrique, de la force, de l'énergie, de la ductilité, avec toutes les apparences des meilleurs types américains*; qu'elle présente, en un mot, les conditions recherchées dans l'industrie pour la filature des hauts numéros qui servent à la confection des dentelles, tulles et à la fabrication des beaux tissus des manufactures de Tarare, de Saint-Quentin, d'Alsace, etc. Tout est donc venu confirmer les espérances que j'avais conçues lorsqu'on me présenta, en 1850, les cotons Géorgie longue-soie récoltés dans la province d'Alger, au moyen de la graine que j'avais mise à la disposition de M. le Ministre de la Guerre, lors de l'Exposition de 1849, où figuraient, dans le compartiment algérien, des échantillons remarquables de coton Jumel, Louisiane, Nankin, etc. ; les résultats de cette première tentative en longue-soie ne laissaient effectivement rien à désirer. Le coton Géorgie, fine et longue-soie, récolté à la Pépinière du Gouvernement à Alger, par les soins éclairés de M. Hardy, avait conservé la plus parfaite ressemblance avec le coton extra-fin d'Amérique d'où était sortie ma graine, et c'est ce qui fit que je puis évaluer ce coton au prix de 9 fr. le kilo, suivant le cours de l'époque, actuellement il vaut 11 fr. Conformément au désir de M. le Ministre de la Guerre, je fis procéder au filage de ce même coton, pour en déterminer exactement la qualité industrielle. Ordinairement on n'emploie le coton Géorgie fin que lorsqu'il est demeuré en balles pendant un an et plus, surtout pour les numéros élevés, ce qui donne au coton plus de souplesse et de ductilité au filage. *Malgré son extrême jeunesse, j'obtins avec le coton algérien longue-soie, récolté en* 1850, *de très-beaux filés depuis les numéros* 200, 230 *jusqu'au* 368 *en fil simple, et* 400 *en fil retors*. Ces filés ont figuré à l'Exposition universelle de Londres avec la belle collection des cotons algériens, et ont contribué, j'aime à le croire, à faire ressortir la haute qualité industrielle de la matière première qui avait servi à leur confection. . . . .

» Mais ce qui a provoqué mon admiration, c'est le coton récolté par M. Goby en 1852, au moyen de la graine venue de l'Exposition de Londres, *et qui est comparable pour la beauté, la finesse et la puissance de la soie, aux longue-soie* SEA-ISLANDS *extra-fins d'Amérique*. Ce coton, de la même famille que celui dont j'ai procuré la graine, et qui a par cela même une grande affinité avec le coton récolté à la Pépinière centrale en 1850, *permettrait comme ce dernier d'atteindre à la filature des plus hauts numéros employés par l'industrie des tulles et des tissus fins de grande valeur*. C'est un type précieux dont la culture mérite des encouragements exceptionnels, et dont la conservation et la propagation

du coton, et déjà, malgré une cueillette contrariée par une saison pluvieuse, cent balles de coton sont apportées sur notre marché.

» Les trois provinces de l'Algérie ont contribué à l'envoi des 107 balles dont nous avons annoncé l'arrivée dans notre port par le navire la *Berthe*.

» La province d'Alger a récolté 58 balles, composées de 50 balles de coton Géorgie longue-soie, de 1 balle de coton Jumel et de 7 balles de coton Louisiane; ce coton provient de graines d'origine américaine, mais récoltées pour la plupart en Algérie, ce qui prouve que le cotonnier ne dégénère pas, comme on le craignait, loin du sol des États-Unis.

» La province de Constantine a fourni 9 balles de diverses sortes.

doivent exciter la sollicitude des planteurs et de l'administration. J'ai estimé ce superbe échantillon, remarquable également par le soin et la délicatesse avec lesquels il a été égrainé, au prix de 11 fr. 50 c. le kilogramme, d'après le cours actuel du Havre...... »

Dans son rapport à M. le Ministre de la guerre, en date du 16 février dernier, M. Ed. Cox s'exprime ainsi :

« Monsieur le Ministre,

» Je viens de recevoir la balle de coton Géorgie longue-soie de la province d'Oran que m'annonçait votre lettre du 10 courant; suivant votre désir je m'empresse de vous faire connaître mon appréciation.

» J'ai remarqué que mes observations dans le rapport que j'ai eu l'honneur de vous adresser le 4 Octobre dernier avaient été prises en considération ; ainsi, l'emballage, la forme de la balle, tout est bien. Le coton n'est pas entassé, on peut prendre des échantillons jusqu'au centre et c'est un mérite. Malgré cette facilité, j'ai éventré la balle pour prendre des échantillons dans toutes les parties : dans le milieu, dans les flancs, dans les bouts; j'ai comparé toutes les parties entre elles, et j'ai rencontré un coton de fort belle apparence, présentant une égalité parfaite entre tous les échantillons, en un mot, d'une bonne préparation. Jamais dans la série d'une qualité semblable d'Amérique, je n'ai rencontré un égrenage mécanique plus soigné, et plus d'égalité en longueur de soie, en finesse et en force. Ce coton n'est pas d'une qualité extra-fine, mais c'est une très-belle sorte, convenable pour la presque totalité des tissus fins. Je lui donne aujourd'hui au cours du Havre, une valeur de 7 fr. 50 c. le kilogramme. L'an dernier, le même coton eût valu 11 fr. 50 cent. ; mais, comme je l'ai observé dans mon rapport du 4 Octobre, les cours du coton Géorgie longue-soie ont été exceptionnels, et, en présence des arrivages de la nouvelle récolte, les prix se raisonnent à un cours plus normal.

» Il y a grandement lieu, Monsieur le ministre, de vous féliciter de la réussite complète des premières préparations du coton. *On est maintenant dans la bonne voie. Voilà le coton tel que l'Amérique nous le livre en de bonnes conditions*......

» Edmond Cox

» La Louvière-lez-Lille, 16 Février 1854. »

» La province d'Oran a fourni 40 balles, dont 38 de coton Géorgie longue-soie et 2 de coton Louisiane.

» Ces cotons ont été achetés par le Gouvernement aux divers colons qui les ont récoltés, et les 58 balles de la province d'Alger ont été égrainées à la Pépinière centrale d'Alger; les 40 balles de la province d'Oran ont été égrainées par la machine de MM. Héricart et Thury, de Saint-Maur, et Masquelier fils et Ce.....

» La culture du coton en Algérie en est encore à ses premiers débuts; en 1851, elle couvrait à peine 2 ou 3 hectares; elle s'étendait, en 1852, à 20 hectares; elle a compris, en 1853, 700 hectares; chaque année, elle s'étendra davantage.......

» La qualité de la majeure partie des 107 balles qui viennent d'arriver sur notre marché est excellente; nous avons vu surtout quelques échantillons des cotons longue-soie venant des propriétés de MM. Héricard de Thury de Saint-Maur et Masquelier fils et Ce, et qui peuvent être comparées aux plus belles sortes venant de Charleston.

» La récolte de 1853 a été diminuée considérablement par les pluies qui sont arrivées avant la cueillette; on comptait sur 1,000 balles, on n'en a eu que 110; mais cette quantité de 110 balles est déjà un magnifique résultat lorsqu'on le compare aux 10 balles de la récolte de 1852. Espérons qu'éclairés par l'expérience, les planteurs feront l'année prochaine leur cueillette avant les pluies, et que notre marché pourra offrir au choix des acheteurs 1,200 ou 1,500 balles de coton français....... »

Les belles et légitimes espérances que fait naître le succès de la culture du coton en Algérie, feront perdre d'autant moins de vue ce que M. de Grimonpont-Vernier, l'honorable président du comité des Filateurs de Lille, nous répondit à la lettre où nous affirmâmes que *le port de Dunkerque est appelé, par sa position topographique, à devenir inévitablement le principal entrepôt des cotons de l'Algérie* (1), par les raisons que nous avons données et par les chiffres contenus dans la lettre que nous avons eu l'honneur de recevoir de M. Besson, préfet du Nord (2), de même que dans le

(1) Voir les pages 47, 48 et 49.

(2) Le texte de cette lettre se trouve au chapitre : *Importation de cotons et Filatures.*

remarquable rapport adressé à l'Empereur par M. le Ministre de la guerre (1).

DES ÉTATS-UNIS.

S'il est un spectacle imposant au monde, c'est celui qu'offrent les États-Unis. Des chiffres, bien mieux que les plus habiles raisonnements, feront comprendre le prodigieux essor donné, dans ce pays né d'hier, à tous les éléments qui constituent la splendeur et la puissance des États.

Commençons d'abord par donner un tableau de la situation des États-Unis en 1793, comparée à celle de 1850 :

	1793	1850	
Nombre d'États	15	31	
Représentants et Sénateurs au Congrès	135	295	
Population des États-Unis	3,930,000	23,267,000	âmes
— de Boston	18,000	137,000	id.
— de Baltimore	13,500	169,000	id.
— de Philadelphie	42,500	409,000	id.
— de New-York	33,000	515,000	id.
— de Washington	»	40,000	id.
Budgets des recettes	5,720,000	43,775,000	dollars
Budget des dépenses	7,530,000	39,555,000	id.
Valeur des importations	31,000,000	278,138,000	id.
Valeur des exportations	26,109,000	151,900,000	id.
Tonnage	520,000	3,535,000	tonneaux
Superficie des États-Unis	805,000	3,315,000	milles carrés anglais (2)
Armée régulière	5,000	10,000	hommes
Milice	»	2,000,000	id.
Flotte militaire	»	70	bâtiments
Nombre de phares	7	372	
Dépenses pour leur entretien	12,000	530,000	dollars
Nombre de milles de chemins de fer	»	8,500	
Nombre de milles de télégraphes électriques	»	15,000	
Nombre de bureaux de poste	200	21,550	
Nombre de milles de chemin parcouru par la poste	5,600	178,000	

Ce tableau, dont nous ne pouvons donner d'ailleurs qu'un résumé, est extrait d'un discours qui a été prononcé par M. Daniel Webster, à l'occasion de l'anniver-

(1) Voir pages 34 à 37 et les *Notes et Documents* à la fin de cet ouvrage.

(2) Le mille anglais = 1,609 mètres. Il en faut donc 2 1/2 pour faire une lieue ou 4 kilomètres. — Le mille carré = 2 kilomètres carrés 59.

saire du 4 Juillet, c'est-à-dire de la proclamation de l'indépendance américaine. L'immense retentissement qu'a eu ce discours s'explique d'autant plus, que c'est dans une période de 57 années seulement que ces étonnants progrès ont été accomplis par l'Union américaine.

Ainsi, pendant que l'armée régulière n'a fait que doubler son effectif durant ces 57 années de paix, la population s'est élevée de 3 millions à 23 millions; les importations de 31 millions de dollars, se sont élevées à 278 millions; les exportations, de 26 millions à 151 millions; et le tonnage, de 520,000 tonneaux à 3 millions 535,000. On remarquera d'ailleurs que la superficie du territoire des Etats-Unis a, de l'une à l'autre époque, plus que *quadruplé*.

De 1840 à 1850, la population des Etats-Unis s'est augmentée de 6 millions d'âmes, soit de 17 millions à 23 millions.

En 1850, les terres en culture comprenaient en totalité 184,596,000 acres (1); celles en friche 118,435,000 — La valeur des exploitations agricoles était estimée 3,266,926,000 dollars, et celle des instruments d'exploitation 151,605,000.

Un relevé publié à Washington a établi la statistique suivante des manufactures des Etats-Unis à la date du 1er Juin 1850:

Capital engagé.	530,000,000	dollars.
Matières premières employées. . . .	550,000,000	—
Main-d'œuvre.	240,000,000	—
Valeurs des articles fabriqués. . . .	1,020,000,000	—
Nombre de personnes employées. . .	1,050,000	—

Nous ne répéterons pas ici les chiffres comparatifs que M. le ministre de la guerre a reproduits dans son rapport à l'Empereur (2) sur la production du coton

(1) L'Acre = 40 ares 47.

(2) Voir pages 33 et 36.

aux Etats-Unis et nous arrivons à la campagne commerciale de 1851-52. Cette campagne a été, aux Etats-Unis, pour le coton exceptionnellement favorable.

La récolte de 1851-52 a produit 2,728,596 balles (1), c'est-à-dire 376,433 balles de plus qu'en 1848-49, et 657,312 de plus qu'en 1850-51. Cette récolte s'est répartie ainsi qu'il suit, entre les pays de grande fabrication cotonnière :

	balles
Angleterre	1,668,749
France	421,375
Autres Etats d'Europe	353,522
La consommation aux Etats-Unis (2) a été de	603,049

Si l'on compare la part de chacun de ces pays en 1852, avec celle qu'il avait reçue en 1851, on trouve que la première a été supérieure à la seconde,

	balles
Pour l'Angleterre de.	250,844
— la France de.	120,017
— les autres pays de l'Europe de	84,530
— les Etats-Unis de.	201,921
Total	657,312

Le progrès de la consommation de coton est ainsi constaté d'après les documents officiels publiés aux Etats-Unis :

« L'Angleterre qui, au 1er Juillet 1851, avait demandé 523,549 balles à la Nouvelle-Orléans, avait pris, au 1er Juillet 1852, 750,590 balles, c'est-à-dire plus de 52 p. 0/0 de l'expédition totale, et 40 p. 0/0 de plus que l'année précédente.

» La France, au 26 Juin 1851, avait demandé 129,717 balles à la Nouvelle-Orléans ; à la même date de 1852, il lui a été expédié 190,518 balles. Elle est entrée ainsi pour près de 13 p. 0/0 dans les expéditions parties en 1852 de la Nouvelle-Orléans.

» L'Angleterre exceptée, la France tient le premier rang comme destination étrangère.

(1) La balle pèse en moyenne 172 kilogrammes.

(2) Voir la note de la page 36.

» Au mois de Juillet 1851, la Russie, la Suède, la Hollande, la Belgique, le Nord de l'Allemagne, n'avaient pris à la Nouvelle-Orléans que 42,031 balles ; au mois de Juillet 1852, le chiffre de leurs demandes s'est élevé à 74,493 balles, c'est-à-dire à 32,462 balles au-delà. *C'est surtout à la destination d'Anvers que l'augmentation a été remarquable. Elle a atteint 24,562 balles;* **elle a presque triplé**. Et plus encore à la destination de Hambourg où, de 1,322 balles, elle s'est élevée au chiffre de 16,257 balles. L'Allemagne du Nord, rendue à la tranquillité a donc grandement augmenté sa consommation.

» Il en a été de même pour le Midi de l'Europe. Gênes, Naples, de 15,097 balles ont élevé leur importation de coton de la Nouvelle-Orléans à 32,101 balles.

» L'Espagne a accru son chiffre ainsi que Trieste et Venise. Puis, un nouveau consommateur s'est présenté pour la Nouvelle-Orléans. Le Mexique, bien qu'il paie les cotonnades étrangères à bon marché, tout en retirant de leur introduction de forts droits de douanes, a préféré encourager sur son territoire, la fabrication des étoffes de coton.

» Quant aux envois de la Nouvelle-Orléans sur les ports du Nord, ils ont presque doublé; de 139,499 balles, ils ont atteint 249,837 balles.

» Ainsi, cet immense commerce des cotons a représenté à l'exportation et à la consommation intérieure des Etats-Unis, une valeur de près de 600 millions de francs et le transport de 7 à 800,000 tonneaux. »

Les quantités de cotons exportées des Etats-Unis en France, tant par les ports du Sud que par New-York, en 1849-50 et 1850-51 l'ont été dans les proportions suivantes :

Ports d'expédition	1849-50 balles	1850-51 balles
Nouvelle-Orléans	117,413	130,362
Mobile	39,968	45,460
Charleston	33,082	25,608
Savannah	14,110	11,826
Floride	—	7,805
New-York	85,054	80,297
Totaux	289,627	301,358

Ainsi, sur 301,538 balles, les ports du Sud, c'est-à-dire

les ports autres que New-York, expédiaient à la France 221,000 balles, soit un peu plus de 73 p. 0/0. La part de New-York ne représentait donc que 27 p. 0/0, soit un peu plus du quart des expéditions.

Voici comment se sont répartis les arrivages des Etats-Unis dans nos principaux ports en 1851 :

	navires chargés	tonneaux
Le Havre.	177	130,688
Marseille.	93	27,229
Bordeaux.	46	14,501
Nantes.	6	1,438
Autres ports (principalement Toulon, Cette et La Rochelle). . .	28	9,496
Total. . .	350	183,352

Voici comment se répartissait, en 1851, suivant nos tableaux de Douanes, le mouvement de nos expéditions (ou *sortie* de nos ports) pour les principaux ports américains (navires tant chargés que sur lest) :

	navires	tonneaux
New-York.	211	123,326
Nouvelle-Orléans	94	51,335
San-Francisco	46	17,053
Boston.	16	5,062
Charleston.	8	2,888
Mobile.	4	2,773
Philadelphie.	10	2,310

Enfin, voici la décomposition du *tonnage* général par pavillons (navires chargés), avec l'expression de leurs forces respectives :

	Tonnage des navires.			Tonnage total	Part proportionnelle pour le pavillon			
	Français	Américains	Tiers		Français	Américains	Tiers	Total
Entrée....	6,405	159,732	17,215	183,352	4 0/0	87 0/0	9 0/0	100 0/0
Sortie....	22,330	146,253	20,548	189,101	12 »	77 »	11 »	100 »
Total...	28,735	305,965	37,763	372,453	8 »	82 »	10 »	100 »

Tel est donc le triste état de notre marine, comparativement à celle des Etats-Unis, qu'à l'entrée, tandis que la marine américaine accuse 87 p. 0/0 et le tiers pavillon 9 p. 0/0, la marine française accuse 4 p. 0/0. A la sortie, la marine américaine accuse 77, le tiers pavillon 11, et la marine française 12.

Les différents pavillons étrangers ont concouru au mouvement maritime des Etats-Unis en 1850-51 (entrée et sortie réunies) dans les proportions suivantes :

		Bâtiments.	Tonneaux.
Pavillon	Britannique	18,912	3,112,039
	Anséate	584	219,678
	Suédois	406	128,375
	Espagnol	344	85,858
	Français	195	51,860
	Hollandais	135	41,673
	Prussien	107	33,935
	Russe	72	30,246
	Sarde	111	29,821
	Danois	84	17,089
	Autrichien	35	14,848
	Belge	42	13,314
	Sicilien	50	12,698
	Chilien	53	11,855
	Péruvien	40	9,741
	Autres	301	55,596
	Total. . . .	21,471	3,868,626

La part du pavillon britannique dans l'intercourse des Etats-Unis a été, en 1850-51, de 3 p. 0/0 ; il a couvert à lui seul 4 fois plus de marchandises que tous les autres pavillons étrangers. Dans la navigation directe avec le Royaume-Uni, il a figuré pour 792,777 tonneaux ou 37 p. 0/0. Dans les relations avec les possessions anglaises de l'Amérique du Nord il y a participé, en 1850-51, pour 1,965,237 tonneaux, soit près de moitié. On le voit également recueillir une partie considérable de transports qui s'effectuent entre l'Union et plusieurs Etats, tels que le Chili, le Mexique et Haïti.

Le contingent du pavillon français est infiniment plus faible. Les 51,860 tonneaux qu'il a couverts en 1850-51 ne représentent guère que 1/2 p. 0/0 du total général, 1 1/3 p. 0/0 de la navigation sous pavillon étranger, et 14 p. 0/0 de l'intercourse entre les deux pays. Sous ce dernier rapport notre marine demeure non-seulement stationnaire mais tend à diminuer, comme on peut en juger par le relevé suivant (entrée et sortie réunies).

	Tonnage total	Tonnage français	Proportion p. 0/0
	—	—	—
1846-47	352,971	57,450	16
1847-48	341,096	51,450	15
1848-49	294,210	62,758	21
1849-50	310,758	58,406	18
1850-51	370,863	51,860	14

New-York est le principal port des Etats-Unis ; l'ensemble de son commerce extérieur s'est élevé, en valeur, de 258 millions de francs (en évaluant le dollar à 5 fr. 35 c.) à 866 millions, soit dans la proportion de 236 pour cent. C'est surtout depuis 1835 que s'est prononcé ce rapide accroissement.

Les importations de New-York ont été, en 1852, de 630 millions de francs, et ses exportations de produits indigènes de 208 seulement, la majeure partie des expéditions de *coton*, de *tabac*, de *farines*, de *viandes salées*, en un mot des produits les plus importants de l'Union, s'effectuant par les ports du sud, la Nouvelle-Orléans, Charleston, Baltimore, etc.

De 1821 à 1851, c'est-à-dire dans un intervalle de trente ans, le tonnage général de l'intercourse de New-York avec l'étranger s'est considérablement accru. Voici les progrès qu'il a réalisés sous tous pavillons :

1° A l'entrée, de 172,000 à 1,449,000 tonn. ; progrès, 742 p. °/₀ ;
2° A la sortie, de 155,000 à 1,230,000 — ou 693 p. °/₀ ;
3° Enfin, pour l'ensemble, de 299,000 à 2,679,000, ou 796 p. °/₀.

Le pavillon de l'Union américaine a, dans l'intercourse de New-York, les deux tiers environ des transports ; les parts proportionnelles s'établissent ainsi en 1852 (entrée et sortie réunies) :

PAVILLONS	Américain	1,750,000 tonneaux,	ou 65 p. °/₀
	Étranger	929,000 —	ou 35 p. °/₀

Nous avons vu précédemment, par le discours prononcé par M. Daniel Webster, que la population de

New-York, qui n'était que de 33,000 âmes en 1793, s'élevait en 1850 à 515,000.

Nous verrons plus loin, à l'article *Mouvement de l'émigration*, la progression prodigieuse du nombre des émigrants qui ont débarqué dans le seul port de New-York, de 1842 à 1851. Le total pour ces dix années a été de 1,376,149 émigrants.

Tandis que les Etats-Unis marchant à pas de géant dans la voie maritime, commerciale et industrielle, cherchent à augmenter les communications par la navigation à vapeur entre New-York et l'Europe, les nations du centre et de l'est de l'Europe favorisent de leur côté par tous les moyens en leur pouvoir les tendances des populations allemandes à s'émigrer pour l'Amérique du Nord, et ce mouvement d'émigration prenant chaque jour des proportions plus considérables, on s'occupe à Liverpool, à Southampton, à Brême, à Hambourg, à Gênes, à Trieste, à Anvers, à organiser de nouveaux services directs avec les Etats-Unis.

Brême se distingue surtout par l'intelligente activité de son gouvernement et de ses commerçants : C'est ainsi que le 9 juillet de l'année dernière, M. R. Schleiden, qui a été investi de la charge de ministre résident de Brême à Wasinghton, a été reçu par le Président Pierce. Le discours que M. R. Schleiden a prononcé en cette occasion est très-remarquable ; il n'est pas sans intérêt que nous en reproduisions les paragraphes suivants :

« Quoique Brême soit un des plus petits Etats de la Confédération, il n'y en a pas qui ait des rapports aussi étendus avec l'Amérique. Elle est, pour plusieurs raisons, une espèce de port américain. Il est même à remarquer que la bannière de notre petite et ancienne République porte les mêmes bandes que l'étendart de votre grande Confédération, bien qu'elle n'ait pas les étoiles.

» Ce fut sur Brême que le Gouvernement de ce pays-ci dirigea la première ligne maritime des steamers américains. Des citoyens de Brême s'occupent aujourd'hui de joindre à cette ligne deux autres steamers, qui, avec les nombreux navires des deux nations, transporteront par milliers en Amérique d'actifs et d'utiles émigrants allemands, et emporteront au retour en Europe, et principalement à Brême, des cargaisons de produits américains.

» C'est sur de grands et matériels intérêts nationaux que se basent les relations amicales qui existent entre les deux pays ; et quoique cette grande et puissante République n'ait pas besoin de l'aide d'un petit État sur l'autre rive de l'Océan, je suis assuré néanmoins que Votre Excellence voudra bien considérer Brême comme l'alliée commerciale et naturelle des États-Unis........... »

A Hambourg, de nouveaux services réguliers de paquebots à vapeur ont été créés entre ce port et New-York ; il y aura un nombre égal de steamers à hélice, chacun du port de 1,000 tonneaux, qui ont été construits à New-York et à Hambourg, pour le compte de deux compagnies différentes résidant dans l'une et l'autre de ces villes. Ces bâtiments porteront le pavillon de leur nation respective, et leur service va commencer incessamment.

Nous avons vu, d'un autre côté, la sollicitude avec laquelle le Gouvernement belge s'est occupé de la création d'un service régulier de navigation à vapeur entre Anvers et New-York ; aussi les steamers transatlantiques belges ne tarderont-ils pas de naviguer entre ces deux ports.

A l'article *Dunkerque et Anvers*, nous donnons des renseignements qui sont de nature à frapper surtout la population de Dunkerque, par la rapide extension qu'a prise à Anvers, depuis 1851 principalement, le commerce d'importation des cotons et des transports d'émigrants pour les États-Unis spécialement.

A Gênes, à Trieste, même activité, même intelligence ; nous ne parlons pas de Liverpool, nous reviendrons plus loin à ce port, où il se fait un si prodigieux mouvement d'affaires avec les États-Unis.

A Southampton, les moyens de communication par la vapeur, qui existent entre ce port et New-York, vont recevoir une extension importante, par suite d'une nouvelle entreprise de la *Compagnie générale de la navigation à hélice*, dont les magnifiques bateaux cessent d'être affectés au transport des malles du Cap et des Indes-Occidentales. Voici les changements que nous trouvons indiqués à ce sujet dans les journaux anglais :

Le commerce entre Southampton et New-York, qui s'est établi et continue, avec l'intermédiaire des steamers américains, a pris, depuis ces dernières années, un développement si considérable que les moyens actuels de transport régulier sont devenus insuffisants. En présence de cet état de choses, les directeurs de la *Compagnie générale à hélice* ont pris des arrangement avec MM. Croskey et Cᵉ, de Southampton, et leurs agents à New-York, à Southampton et à Brême, ainsi qu'avec les lignes de steamers américains de New-York, de Southampton et du Havre, dans le but d'étendre leurs moyens de transport par l'adjonction de quelques-uns des beaux navires précédemment affectés aux traversées de l'Australie et de l'Océanie.

Le steamer *Indiana*, de 1850 tonneaux, inaugurera, le 12 Juillet prochain, la série des nouveaux départs ; il sera suivi, à intervalles réguliers, par d'autres steamers, d'une jauge égale ou supérieure.

En France que se fait-il cependant en présence d'un pareil mouvement ? Nous serions injuste de répondre qu'il y a inaction complète, car le Gouvernement, dans sa haute et incessante sollicitude pour nos intérêts commerciaux et maritimes, ne perd certes pas de vue cette Algérie, cet ancien *grenier de Rome;* cette Amérique du Nord où s'accomplissent tant de merveilles. Mais si nous ne pouvons reprocher au Gouvernement de manquer d'initiative, ce reproche peut s'adresser à bon droit aux particuliers. Que de de fois ne nous sommes-nous pas rappelé à ce propos le langage incisif tenu dans le temps par l'*Akhbar* : « Les capitaux français sont timides de leur nature : Avant de se décider, ils balancent, ils tâtonnent, ils interrogent tous les points de l'horizon, toutes les aires de vent. Au moindre nuage, ils prennent l'alarme, ils se cachent, ils n'osent plus paraître, et quand enfin ils s'enhardissent à se montrer, c'est sur la foi d'un nom, sur l'autorité d'un exemple. Race moutonnière, il leur faut un chef de file qui leur donne du cœur et qui les entraîne. Pas d'initiative, pas d'esprit d'aventure. Le chemin de fer de Paris à St-Germain, le premier qui ait été construit en France, serait peut-être encore à faire si M. Pereyre n'avait obtenu de M. de Rotschild qu'il souscrirait en tête de la liste pour une somme de 100,000 fr. Les 100,000 fr. n'étaient rien pour le riche banquier, mais son nom était décisif pour les capitaux français et pour le succès de l'entreprise. A la suite de M. de Rotschild, ils osèrent oser. »

PROJET FRANÇAIS.

Vivement frappés de ces considérations, des hommes qui ont longuement médité sur les causes d'infériorité relative de notre commerce et de notre navigation, veulent mettre la main à l'œuvre en dehors des voies frayées jusqu'à ce jour en France. Ils s'attacheront surtout à concourir au développement des immenses ressources qu'offre l'Algérie; ils s'attacheront encore spécialement à établir de nouvelles relations avec les Etats-Unis; à prendre une part active à l'émigration qui contient tous les éléments nécessaires pour régénérer notre marine marchande en ouvrant sur les principaux points du globe des débouchés à notre industrie; pénétrés d'ailleurs des avantages immenses que recueillent les Anglais de l'envoi d'émissaires intelligents dans les pays avec lesquels ils veulent commercer pour s'enquérir des besoins et des ressources des populations, ils entendent pratiquer le même système comme le pratique avec une si haute intelligence à Trieste, la Société du Lloyd Autrichien, et à Vienne sa puissante émule la Compagnie Impériale pour la navigation à vapeur sur le Danube.

Le but qu'ils se proposent d'atteindre est complètement exposé dans le préambule et l'article 2 des statuts de la *Compagnie Commerciale de Dunkerque*, qui seront soumis à l'approbation du Conseil d'Etat.

Voici le texte du préambule et de l'art. 2 dont il s'agit :

« Ont comparu : . . . .

» Lesquels ayant conçu le projet de former une Société
» anonyme qui aurait pour but de procurer à l'industrie du
» Nord de la France le coton qu'elle emploie dans ses di-
» verses fabrications ; d'y importer notamment, pour qu'ils y
» soient mis en œuvre, les cotons de l'Algérie ; de donner
» aux produits de l'Algérie, en les échangeant avec des
» produits du Nord de la France, un important débouché
» et de développer par tous les moyens en leur pouvoir
» l'importance commerciale de la ville et du port de Dun-
» kerque en en faisant le centre d'un entrepôt considérable
» de cotons et de marchandises de toute nature et le point
» de départ et d'arrivée d'exportations et d'importations,
» sur une grande échelle, de marchandises de toute espèce,
» et notamment en y attirant le flot des émigrants de l'Alle-
» magne pour l'Algérie, l'Amérique et autres points du
» globe, ont arrêté de la manière et ainsi qu'il suit, les
» statuts de cette Société :

. . . .

» ARTICLE 2. — La Société a pour objet :

» 1° De créer dans la ville de Dunkerque (Nord), un
» entrepôt de cotons de toutes sortes et provenances et
» spécialement, de l'Algérie, de l'Egypte et des Etats-Unis,
» d'opérer sur ces cotons par voie d'achat pour le compte
» de la Société ou à la commission, d'en recevoir en con-
» signation et de faire aux expéditeurs, soit en espèces, soit
» au moyen d'acceptations, de comptes-courants, ou d'ou-
» verture de crédits, des avances qui ne pourront en aucun
» cas excéder l'importance des trois quarts de la valeur des
» cotons consignés au cours du jour de la consignation, et
» de livrer au commerce par des ventes ou des livraisons les
» cotons ainsi importés ;

» 2° De faire spécialement pour le compte de la Société, » le commerce par voie d'achat, vente, commission, con- » signation ou échange, de tous les produits de l'Algérie » autres que les cotons et les produits du département du » Nord et de ceux limitrophes, sous la condition que les » expéditions et importations auront lieu par le port de » Dunkerque;

» 3° De faire à la commission seulement des achats à » l'étranger pour le compte de négociants français, de » marchandises importables de toutes espèces autres que » les cotons; et en France pour le compte de négociants » étrangers, de marchandises exportables quelconques, » sous la condition expresse que les importations et expor- » tations en résultant auront lieu par le port de Dunkerque; » et de recevoir en consignation les marchandises importa- » tables dont vient d'être question;

» 4° Et de faire toutes les opérations d'affrètement et » acquisitions de navires nécessaires pour l'expédition par » le port de Dunkerque, de toutes les marchandises expor- » tables et notamment des émigrants français, allemands, » ou de toute autre nation, pour tous les points du globe. »

La ville de Dunkerque ayant été choisie pour être le siége et le domicile de la nouvelle Compagnie, les considérations suivantes permettront de juger si cette ville réunit toutes les conditions de succès désirables:

DUNKERQUE.

Nous empruntons la description suivante à la *France Maritime*:

« Il est certain que Dunkerque est le seul port que possède la France sur les mers du Nord, dont les localités et les ressources soient proportionnées aux exigences d'une guerre maritime . . . .

(La population de Dunkerque est aujourd'hui d'environ 30,000 âmes.)

» Bâtie sur un plan uni, les maisons en sont presque toutes basses, mais régulières, bien alignées, construites avec goût et vernies d'une admirable propreté. Les rues en sont larges, bien pavées, droites et bien entretenues. C'est une des villes de France les plus régulièrement bâties. . . .

» Dunkerque se divise en quelque sorte en trois parties : le Port, la Basse-Ville, commencée par Louis XIV en 1662, et la Citadelle que les Anglais bâtirent en 1659.

» Comme boulevart de la France dans son extrême Nord, Dunkerque a toujours été une place forte. Elle peut être inondée jusqu'à trois milles de ses murailles, dans la plus grande partie de son périmètre. Dans les parties où on ne peut la protéger par l'inondation, elle est convenablement fortifiée par des œuvres de maçonnerie.

» Le sang est beau à Dunkerque, les habitants en sont d'une carnation riche et développée. Ils sont intelligents, probes et braves, il y a dans leur caractère un certain mélange qui participe parfois du flegme Hollandais et du bruyant amour, pour le plaisir, des nations les plus passionnées.

» Dunkerque a donné naissance à une foule d'hommes illustres dans tous les genres, particulièrement comme marins et militaires. Dans cette nombreuse série on aurait à citer beaucoup de noms contemporains.

» Le territoire du Nord de la France et celui de la Belgique sont sillonnés par de nombreux canaux, dont les ramifications s'étendent jusqu'à Paris. La plus grande partie de ces canaux ont leur embouchure à Dunkerque, ce qui rend cette ville le point central du commerce de tout ce pays, et d'une partie des provinces belges. On distingue à Dunkerque les principaux de ces canaux comme il suit : *Furnes*, les *Moëres*, *Bourbourg*, *Bergues*, *Saint-Omer*, *Mardyck*. Comme ils aboutissent tous à la mer, et qu'ils servent de conduits d'écoulement aux eaux du pays, ils s'emploient aussi pour curer le chenal, puisqu'on y peut faire entrer l'eau de la mer jusqu'à une certaine hauteur, quand les eaux pluviales ne suffisent pas.

» Le port de Dunkerque est magnifique . . . . »

PORT DE DUNKERQUE.

Le port de Dunkerque est situé à la tour de son grand phare, par 51° 3' de latitude, à l'entrée de la mer du Nord, à une égale distance de la Baltique et de la Méditerranée, près des côtes de Hollande, à 8 kilomètres des frontières Belges, en face de la Tamise, à l'entrée du Pas-de-Calais, passage nécessaire aux navires qui se rendent de l'Océan dans la mer du Nord ou de la mer du Nord dans l'Océan.

« Les bâtiments qui fréquentent le port de Dunkerque ou que les événements de la mer conduisent dans ses parages, y trouvent un excellent mouillage et un abri sûr dans la meilleur rade foraine connue (1). »

Le port de Dunkerque est vaste et sûr, les navires d'un fort tonnage peuvent y entrer à toutes les marées. La mer y monte de 6 à 8 mètres (18 à 24 pieds) de syzigies, et 4 à 5 m (12 à 15 pieds) de quadrature (2).

« Le port de Dunkerque, dit encore M. J.-A. Conseil, dans sa *Télégraphie Nautique*, est garni de beaux quais, il y a deux bassins où les navires peuvent rester à flot, mais le reste de ce port assèche de basse mer, à toutes les marées. Ce n'est donc à proprement parler qu'un hâvre, comme tous ceux, du reste, de la côte de France, du Nord jusqu'à Cherbourg. Mais si ce port assèche, du moins on n'y trouve ni pierres ni roches qui peuvent fatiguer les navires, qui y sont de basse mer posés sur un lit de vase, où ils restent droits; les navires fins, même, peuvent y échouer sans danger. »

Une lettre qui nous a été adressée au 22 Avril 1853, par un ancien capitaine de navire des plus expérimentés, doit trouver ici place, en ce que son auteur fait bonne justice d'objections qui, sans être au fond de quelque valeur, auraient pu cependant causer quelque préjudice au port de Dunkerque.

« On rendra facilement, disait notre ancien capitaine de navire, notre port accessible aux plus grands navires cotonniers qui viennent au Havre, car notre chenal est déjà par l'effet des chasses qu'on a pu faire, si sensiblement redressé, qu'il est presque suivant l'axe de notre port.

» D'ailleurs, lorsque les travaux qui sont en cours d'exécution permettront à notre bassin de commerce de déverser dans le chenal, par 12 ou 14 vannes d'un mètre de surface

(1) *Tarifs polyglottes*, par M. Dehaecker, courtier de navires et d'assurances, à Dunkerque.

(2) *Télégraphie nautique* (1852) par M. J.-A Conseil, capitaine de port à Dunkerque.

deux mètres d'eau pour le moins, à chaque marée de vive eau, de toute la surface de ce bassin, du bassin de la marine et de l'arrière-port, et cela une heure durant au minimum ; lorsque cette chasse puissante viendra augmenter l'action de celles du canal de dérivation et de la Cunette et se joindre à celles de notre grand bassin des chasses, rien ne saura résister dans ce chenal à ces affluents combinés se précipitant avec la puissance d'un torrent, chassant tout devant lui, fût-ce même des pierres, s'il s'en trouvait.

» Alors notre port, qui aujourd'hui de vive eau ordinaire peut recevoir des navires de 4 mètres 66, en recevra de 6 mètres au moins.

» Quelle différence présentera alors l'accès du port de Dunkerque à celui du Havre? Aucune, car tous les marins savent que l'ancien port de la Seine ne peut recevoir des navires d'un plus grand tirant d'eau ; sans compter que les navires tirant 6 mètres ne peuvent y entrer à toutes marées.

» Vainement objectera-t-on que le port de Dunkerque est situé plus Nord de 50 lieues, que le port du Havre ; que les abords du port de Dunkerque sont plus difficiles et que ses dangers portent plus loin au large.

» Il ne faut pas être pilote de Dunkerque pour rétorquer de semblables arguments, et prouver péremptoirement qu'un port dont les dangers au large permettent à demi marée de flot à un navire de 4 mètres de tirant d'eau de les franchir, quand la mer n'est pas trop grosse, n'a pas grand désavantage sur celui qui est entouré des bancs de l'Hecla, des hauts de la rade, d'Amphar, de Rattier, etc.; qu'il vaut mieux même se trouver engagé entre les bancs de Flandre avec grand flot, que d'être entraîné en Seine par la marée montante qui s'y précipite ; qu'on voit enfin moins de malheurs d'une extrême gravité arriver aux navires qui échouent sur notre plage, et même sur nos bancs, que ceux qui échouent sur les bancs de Seine.

» Voilà bien sans doute de quoi compenser les quelques lieues de plus à faire au Nord quand on arrive à Dunkerque, au lieu d'aller au Havre.

» Et puis, les cotonniers reculent-ils, lorsqu'il s'agit de se rendre à Anvers, qui est également un marché de coton? Non sans doute, malgré les dangers sans nombre que présente l'embouchure de l'Escaut, malgré ceux que présente ce fleuve intérieurement, et quoiqu'il se trouve à 20 lieues de plus à l'Est que le port de Dunkerque.

» Concluons que les cotonniers américains n'hésiteraient pas davantage à se rendre à Dunkerque qu'à Anvers, dussent même les producteurs y faire un entrepôt de leurs produits comme ils le font au Havre. »

Enfin, M. Paillard, sous-préfet de Dunkerque, s'exprime ainsi relativement au port de Dunkerque, dans le remarquable rapport que ce magistrat a lu à la séance du 1er août dernier (1853) du conseil d'arrondissement :

« Dunkerque poursuit avec activité la transformation de son port d'échouage en bassin à flot.

» Alors, le port de Dunkerque, doté de deux écluses, dont l'une de 13 mètres, l'autre de 22 mètres de largeur, formé d'une suite de bassins qui comprennent ensemble une surface de plus de 15 hectares (1), pourra recevoir des navires de 900 tonneaux et sera accessible aux vapeurs de l'État de la plus grande dimension. Le commerce de l'Inde et de l'Amérique, que des esprits entreprenants s'efforcent de ranimer, reprendra le chemin de notre rade et, sous le rapport militaire, Dunkerque aura reconquis l'importance que lui ont tour-à-tour assignée le génie de Louis XIV et celui de Napoléon.

» Déjà même, dans leur impatience patriotique, certains esprits vont au-delà du but que nous sommes prêts d'atteindre et que les imaginations les plus hardies eussent à peine osé entrevoir, il y a moins de vingt ans.

» D'importants projets, dont la réalisation serait pour notre port une véritable révolution, ont été confiés à des mains augustes. Il ne nous appartient pas d'indiquer ici, même en passant, des idées qui ne sont encore que le rêve de particuliers sans caractère officiel. Mais, sans nous croire le droit de préjuger la suite réservée à ces plans grandioses, nous pouvons du moins être sûrs que de beaux jours s'apprêtent pour notre ville et qu'elle ne descendra pas du rang de cinquième port de France. . . . . . . »

(1) Ou plus de 150,000 mètres carrés. Les 25 docks ou bassins de Liverpool occupent une superficie de 112 acres ou 450,000 mètres carrés (V.)

COMMERCE DE DUNKERQUE.

L'extrait suivant de la *Télégraphie Nautique* de M. Conseil, capitaine de port à Dunkerque, donne une juste idée des diverses opérations du Commerce de Dunkerque.

» Dunkerque est en communication avec toutes les parties de la France, de la Belgique et de l'Allemagne par ses lignes de chemins de fer et ses canaux.

» Il se fait un commerce considérable à Dunkerque dont les principales branches sont : La pêche de la morue à Islande, le cabotage tant grand que petit, la pêche au poisson frais et la construction navale. Des lignes régulières par navires à vapeur sur Londres, Saint-Pétersbourg, Rotterdam et le Havre ne sont que le prélude de la prospérité commerciale de Dunkerque dès que ce port aura été apprécié. La construction a fait de tels progrès à Dunkerque depuis 15 à 20 ans, qu'on est tenté de ne pas y croire. Enfin Dunkerque est le seul port de commerce en France qui ait un arsenal militaire... »

Il importe que nous fassions maintenant un exposé avec quelques développements de ce commerce, afin que chacun puisse en apprécier toute l'importance.

Un écrivain qui connaît parfaitement les ressources qu'offre le port de Dunkerque, sous le double point de vue de la marine de l'Etat et de la marine marchande, écrivait, dans le tome II de la *France maritime*, ces mots frappants de justesse :

« *Dunkerque, qui pourrait être un des premiers ports militaires du pays, n'est pas même un port marchand de premier ordre. La faute n'en est ni à sa localité, ni à sa position, ni à ses habitants. C'est un grand élément de puissance négligé...* »

L'administration des Douanes n'ayant pas encore publié le tableau du commerce général de la France, en 1853, nous commençons notre exposé par l'année 1852, afin que nous puissions, à l'aide des tableaux comparatifs, faire d'utiles et intéressants rapprochements. Nous donnons d'ailleurs plus loin un extrait du tableau que vient de publier la Chambre de Commerce de Dunkerque sur le mouvement des marchandises et de la navigation de ce port ainsi que des perceptions pendant l'année 1853.

NAVIRES ENTRÉS PENDANT L'ANNÉE 1852.

	Nombre	Tonnage
Navires français venant de l'étranger	185	21,186
Navires étrangers	489	43,686
Navires français (long-cours)	2	348
Pêche à la morue	127	9,029
Cabotage	1,203	86,789
Totaux. . . .	2,006	161,038

NAVIRES SORTIS PENDANT L'ANNÉE 1852.

	Nombre	Tonnage
Navires français allant à l'étranger	570	52,736
Navires étrangers	468	42,779
Navires français (long-cours)	20	2,915
Pêche à la morue	131	9,704
Cabotage	842	56,575
Ensemble. . . .	2,031	164,709

Les bateaux allant à la pêche au poisson frais sont au nombre de 90.

Ce nombre de 90 n'est toutefois qu'approximatif, parce que beaucoup de ces navires se livrent alternativement au cabotage et à la pêche au poisson frais.

Les recettes des douanes se sont élevées en 1852 à 7,324,502 fr. ; ce qui accuse une augmentation de 809,877 fr. sur l'année précédente, ainsi qu'il résulte des chiffres ci-après :

Droits de Douanes Sels Navigation et Recettes accessoires	Perçus à Dunkerque	
	En 1851	6,514,625
	En 1852	7,324,502
	Augmentation en 1852	809,877

Cette augmentation de recette de 809,877 fr. en l'année 1852, comparativement aux recettes faites pendant l'année 1851, a eu pour objet les fromages, les laines en masses, fruits secs, graines oléagineuses, sucre brut, café, lin teillé, coton en laine, fonte brute, fil de lin, machines et mécaniques.

Nous pouvons suivre avec les deux tableaux que nous donnons ci-après les progrès et les variations du Commerce de Dunkerque pendant la période décennale de 1832 à 1841 et la période de onze années de 1842 à 1852.

Les documents nous manquent pour indiquer la quantité des marchandises importées et exportées, ainsi que le nombre des navires entrés et sortis pendant les années 1832 à 1840; il n'en est pas de même à partir de l'année 1841.

Perception des droits de douanes, etc., de 1832 à 1841.

1832	—	7,693,684 fr.	35 c.
1833	—	7,702,378	03
1834	—	7,655,847	70
1835	—	8,009,014	73
1836	—	7,434,528	25
1837	—	8,194,602	99
1838	—	7,986,189	56
1839	—	7,846,840	38
1840	—	8,779,626	90
1841	—	9,155,213	»

Le mouvement des marchandises pendant l'année 1841, a été de 185,539,121 kil., et celui de la navigation de 2,664 navires.

Mouvement des marchandises, navigation et perceptions de 1842 à 1852.

Années	Mouvement des marchandises	Navigation	Perceptions
1842	194,157,323 kil.	3,321 navires	10,409,851 f.
1843	200,671,117	2,582	8,466,419
1844	190,606,791	2,322	8,315,635
1845	210,558,607	2,448	8,515,042
1846	229,861,044	3,441	8,796,492
1847	237,910,403	3,537	7,018,359
1848	218,462,880	2,508	5,087,652
1849	237,995,934	3,322	5,743,637
1850	253,316,425	3,953	5,690,983
1851	264,300,629	4,244	6,514,543
1852	»	4,037	7,324,501

Ces tableaux donnent lieu à plusieurs remarques intéressantes.

On voit d'abord, de 1832 à 1840, les recettes des douanes ne varier que d'un 7e environ, c'est-à-dire de 7 millions 600,000 fr. (à l'exception d'une différence en moins en 1836) à 8 millions 700,000 fr. Nous négligeons les fractions.

En 1841 et 1842, les recettes vont en progressant et s'élèvent à 9 et 10 millions pour revenir l'année suivante, 1843, à 8 millions 400,000 fr.

La cause de cette progression et de cette décroissance rapide s'explique par les importations forcées de cafés qui eurent lieu pendant les années 1841 et surtout 1842, où des maisons étrangères à la place de Dunkerque prolongèrent leur existence par des moyens que nous n'avons pas à apprécier ici. — Les droits sur ces cafés étant de 95 fr., plus le 10me, soit ensemble 104 fr. 50 c. les 0/0 k., droits qui furent acquittés à Dunkerque, ils augmentèrent ainsi dans une proportion considérable le chiffre des recettes.

Ces importations forcées ayant cessé avec l'année 1842, les perceptions se réduisent en conséquence de 1,643,432 fr. en 1843.

Nous voyons les recettes diminuer encore en 1844, mais augmenter de 200 à 280,000 fr. en 1845 et 1846. A cette dernière année s'arrête la progression.

L'année 1847 est surtout remarquable par la situation anormale des recouvrements ; cette année accuse une diminution considérable de 1 million 778,133 fr., qui fut le résultat de la crise qui paralysa, à cette époque, toutes les transactions par suite de la cherté des blés ; ensuite de l'introduction des blés étrangers affranchis de tous droits d'entrée et de tonnage.

En 1848, situation bien plus désastreuse, car les recettes diminuent de près de 2 *millions*. — Tel est le bénéfice des révolutions (1). — Amélioration sensible en 1849, à la suite de l'élection présidentielle, et malgré la réduction des droits sur les sels à partir du mois de Janvier de cette même année ; — nouveaux tiraillements en 1850, occasionnés par le conflit entre le Pouvoir exécutif et le Pouvoir législatif ; — recrudescence en 1851 ; — et enfin, en 1852, grâce au Pouvoir tutélaire qui sauva la société au 2 Décembre de l'année précédente, les recettes s'élèvent au chiffre qu'elles n'avaient pas atteint depuis **six années**.

Si nous venons maintenant à considérer le mouvement des marchandises pendant la période de 1841 à 1851 (2), nous remarquons que ce mouvement est ascensionnel de 1841 à 1843, de 1844 à 1847 et de 1848 à 1851.

Quant au mouvement de la navigation, si l'on ex-

(1) Le commerce extérieur de la France décrut, durant l'année 1848, de près de 500 millions de francs. Du chiffre de 2 milliards 614 millions (valeurs *officielles*) * qu'il avait atteint en 1847, il était tombé à 2 milliards 15 millions.

En 1849, notre commerce extérieur se relève heureusement, pour cette année, au chiffre de 2 milliards, 565 millions ; soit une amélioration de 550 millions

En 1850, la valeur de nos échanges internationaux, s'élève à 2 milliards 705 millions ; soit une augmentation sur le dernier exercice de 140 millions;

En 1851, le chiffre de nos affaires s'élève à 2 milliards 787 millions ; soit 82 millions de plus qu'en 1850.

Enfin, en 1852, la valeur de notre commerce extérieur s'élève à 3 milliards 191 millions 400,000 fr. ; soit une augmentation sur l'année 1851 de 332 millions.

Ainsi, comparativement à 1848, notre commerce se trouvait accru en 1852, c'est-à-dire en 4 ans, de **1 milliard 104 millions**, ou près de 55 p. 0/0 ; et comparativement à 1847, augmentation de **505 millions** ou 19.3 p. 0/0.

(2) Nous ne connaissons pas le mouvement des marchandises pour l'année 1852.

(*) Il y a une différence entre *valeurs officielles* et *valeurs actuelles ou réelles*. Les valeurs officielles sont réglées d'après un taux permanent qui, arrêté en 1826, a été depuis annuellement appliqué aux marchandises entrées ou sorties ; les valeurs actuelles ou réelles sont fixées annuellement par la *commission permanente des valeurs* instituée au département du commerce et des travaux publics. On n'a commencé à établir les valeurs réelles qu'à partir de 1847.

cepte la seule année de 1851 (1) où les entrées et sorties se composent de 4,244 navires, on trouve que depuis l'époque de la Franchise de Dunkerque, il ne s'était vu dans ce port un mouvement aussi important qu'en l'année 1852, où le nombre des navires entrés et sortis s'y est élevé à 4,037 jaugeant 325,747 tonneaux.

En 1826, l'une des années les plus prospères de la Restauration, qui dépensa des sommes considérables pour l'amélioration du port de Dunkerque, il y est entré 1,337 navires et il en est sorti 1,341, ensemble 2,678 jaugeant 169,672 tonneaux, et montés par 16,112 hommes d'équipage.

Nous devons à l'obligeance de M. Verlingue, directeur des douanes à Dunkerque, les observations suivantes sur le mouvement de la navigation au port de Dunkerque pendant les années 1841 à 1847 :

« Un résultat en sens contraire (du ralentissement des opérations de douane à Dunkerque) ressort de la comparaison des faits constatés dans les mêmes périodes (1841 à 1847), en ce qui touche le mouvement de la navigation de toute sorte ; le chiffre de 126,700 représentant le tonnage, durant la première période (1841), s'est élevé, en 1847, à 140,000. Cette différence doit trouver sa cause principale dans l'emploi de navires, d'un tonnage supérieur, à l'importation des grains qui, dans la dernière période et même en 1846, ont dû être tirés des ports de la Mer Noire, pour suppléer à l'insuffisance des récoltes. Il ne faut pas perdre de vue, d'ailleurs, que cette différence n'a pas été progressive et qu'avant d'atteindre un chiffre *qui ne s'est pas maintenu* dans les années subséquentes, elle s'était souvent résumée en une diminution, 1841 toujours pris pour point de comparaison. »

Les droits perçus par l'administration des douanes en l'année 1852 se sont élevés en totalité à 175,231,557 fr. dont 139,863,655 fr. pour les droits d'entrée, 8,365,998 fr. pour les droits de sortie, de navigation

(1) Nous avons dit plus haut toutefois (page 62), que les perceptions de 1852 dépassèrent de la somme de 809,877 fr. celles de 1851.

et produits accessoires, et 27,001,904 fr. pour la taxe de consommation sur les sels.

Le chiffre des recettes des principales douanes est ainsi indiqué dans le tableau général du commerce de la France, avec ses colonies et les puissances étrangères pendant l'année 1852, publié par l'administration des douanes :

Le Havre	34,890,000 fr.
Marseille	30,652,000
Nantes	14,264,000
Bordeaux	12,216,000
Paris	13,865,000
Dunkerque	7,540,000
Rouen	4,904,000
Autres douanes	54,906,000

Voici maintenant les poids et valeurs des marchandises entrées dans les principaux entrepôts de France :

	1849		1850		1851		1852	
	POIDS — Tonnes	VALEUR — Millions	POIDS — Tonnes	VALEUR — Millions	POIDS — Tonnes	VALEUR — Millions	POIDS — Tonnes	VALEUR — Millions
Marseille	316,959	212.8	337,189	224.2	295,835	195.5	359,325	235.1
Le Havre	225,290	225.4	205,455	198.2	205,568	182.8	242,664	255.7
Lyon	3,120	74.4	2,804	57.9	2,315	57.0	1,992	57.3
Bordeaux	55,981	45.7	55,649	56.6	57,003	43.2	59,656	50.1
Nantes	47,984	15.7	38,116	12.4	35,558	18.0	54,905	18.7
Dunkerque	14,629	8.6	20,581	10.7	25,404	9.6	25,439	12.6
Paris	30,599	34.8	22,728	32.1	21,041	31.8	25,223	34.8
Autres	135,852	28.7	141,355	31.9	148,376	26.3	209,125	40.0
TOTAL	826,391	641.4	823,915	618.4	796,892	564.9	950,328	682.3

N. B. A la première colonne de l'année 1852, il y a une erreur dans l'addition ; mais nous reproduisons textuellement le document officiel.

Quant au grand et au petit cabotage réunis, voici comment se classaient nos principaux ports, en 1852, eu égard à leur importance :

	A l'expédition — Tonnes	A la réception — Tonnes
Bordeaux	272,135	257,912
Marseille	188,717	262,915
Cette	154,577	70,091
Le Havre	138,535	152,438
Nantes	111,086	117,684
Rouen	109,575	392,637
Dunkerque	47,721	150,777

Toulon	21,034	77,882
Dieppe	»	55,484
Port-le-Bouc	96,128	41,258
Libourne	88,364	35,012
Honfleur	69,511	46,540
Charente	59,999	54,245
Rochefort	54,761	52,760
Caen	35,524	54,126
Brest	41,712	45,475
Saint-Waast	44,491	30,609
Bayonne	54,275	42,585
Etc.		

Ainsi, au point de vue des perceptions, le port de Dunkerque occupe le cinquième rang parmi nos principaux ports; il occupe le même rang parmi nos principaux entrepôts des ports, en raison du poids et de la valeur des marchandises qui entrent dans ces entrepôts; et si, pour le grand et le petit cabotage, le port de Dunkerque ne vient qu'en douzième ligne à l'expédition, il occupe encore le cinquième rang à la réception, et les quatre ports qui reçoivent un plus grand nombre de marchandises, sont, par ordre d'importance : Rouen, Marseille, Bordeaux et le Havre. — Le port de Dunkerque a reçu en 1852, par cabotage, 34,754 tonneaux de plus que le port de Nantes.

Le tableau que vient de publier la Chambre de commerce de Dunkerque, et que nous reproduisons presque *in extenso* ci-après (1), présente les résultats les plus satisfaisants pour la campagne commerciale de Dunkerque en l'année 1853.

En effet, quoique l'année 1852 accuse dans les recettes des douanes l'augmentation considérable de 809,958 fr. (2), on ne voit pas moins ce progrès se

(1) Nous ne retranchons de ce tableau que la statistique qui établit une comparaison du mouvement des marchandises, de la navigation et des perceptions avec les années précédentes à partir de 1843, parce que nous faisons remonter cette statistique à la page 63, à 1841, et, pour les perceptions seulement, à 1832.

(2) On remarquera ici une légère différence avec les chiffres que nous donnons à la page 62; mais cette différence s'explique parce que nous tenons les premiers chiffres de la Direction des Douanes de Dunkerque, et que nous suivons ici les chiffres reproduits dans le tableau publié par la Chambre de Commerce de Dunkerque.

continuer en 1853 où le chiffre des perceptions s'élève à 7,717,218 fr. et par conséquent dépasse de 392,717 fr. les recettes de 1852 qui s'élèvent à 7,324,501 fr.

Le mouvement maritime de 1853 accuse également une augmentation sur celui de 1852 tant pour le nombre des navires que pour le tonnage.

L'augmentation dans le nombre des navires a été pour 1853 de 147 et dans le tonnage de 36,594.

Résumé général du mouvement des Marchandises de toute nature et de la Navigation du port de Dunkerque, ainsi que des perceptions, pendant l'année 1853.

Perceptions

DROITS DE DOUANES		DROITS de Navigation	DROITS Accessoires	IMPÔT du Sel	TOTAL des Droits perçus.
Entrée	Sortie				
f. c.	f. c.	f. c.	f. c.	f. c.	f. c.
5,610,578 86	86,014 06	86,457 71	6,352 07	1,927,815 75	7,717,218 45

Mouvement des marchandises

MARCHANDISES		Marchandises entrées en entrepôt et qui en sont sorties autrement que pour la consommation.		MARCHANDISES de CABOTAGE		Marchandises exportées avec bénéfice de prime	MARCHANDISES de TRANSIT	
Importées	Exportées							
COMMERCE SPÉCIAL		Entrées	Sorties	Entrées	Sorties		Entrées.	Sorties
(A) kil.	(B)	k.	k.	k.	k.	k.	k.	k.
44,055,379	19,536,610	34,292,921	11,524,201	(1)	36,507,800	637,565	2,237,537	31,940

A. En plus, 22 animaux vivants,
Céréales, 44,682,216 litres.
Boissons, 106,965 litres.
Bois brut ou équarri, 2,426 stères.
Bois scié, 349,889 mètres.
Marchandises payant à la valeur, 258,429 francs.
Id. au nombre, 16,929 pièces.

B. En plus, 170 animaux vivants,
Céréales, 1,482,544 litres.
Boissons, 1,611,618 litres
Bois brut ou équarri, 3,910 mètres.
Bois scié, 27,105 mètres.
Marchandises payant à la valeur, 541,893 francs.
Id. au nombre, 16,929 pièces.

(1) Chiffre à prendre sur le tableau publié annuellement par l'Administration.

Navigation

Navires français autres que pêcheurs		Navires étrangers		Bâtiments à vapeur naviguant											
				Au cabotage						A l'étranger					
				Entrés			Sortis			Entrés			Sortis		
Entrés	Sortis	Entrés	Sortis	Nombre	Equipage	Tonnage	Nombre	Equipage	Tonnage	Nombre	Equipage	Tonnage	Nombre	Equipage	Tonnage
1,319	1,311	485	465	59	628	3,674	44	326	4,440	180	2,479	20,524	190	2,494	21,058

Pêche maritime

Navires armés pour la pêche à Islande						Quantités de morues rapportées	Navires armés pour la pêche côtière						Quantités de poisson rapportées
Entrés			Sortis				Entrés			Sortis			
Nombre	Equipage	Tonnage	Nombre	Equipage	Tonnage		Nombre	Equipage	Tonnage	Nombre	Equipage	Tonnage	
117	1,845	8,396	126	1,736	9,658	k. 2,282,717	83	425	2,136	83	425	2,136	(2) Impossible de donner la quantité; d'après le receveur de l'octroi, la valeur est de..... 647,251 fr.

Récapitulation

Marchandises

Entrées	Venues de l'étranger . . . . kil.	44,055,579
	De mutation d'entrepôt	7,821,535
	De cabotage	
	De transit	2,227,857
	Pêche de la morue { Morues	6,188,475
	Pêche de la morue { Abattis.	135,240
	Produit de la petite pêche (harengs frais) (*) . . .	200,785
	Sels extraits de l'entrepôt, mis en consommation et expédiés aux fabriques de soude.	3,846,545
	Total des marchandises arrivées . .	
Sorties	Exportation	19,536,610
	Mutation d'entrepôt	1,175,891
	Cabotage.	46,507,800
	Avec prime	537,445
	Transit.	31,044
	Total des marchandises sorties . .	67,788,790

(*) Pour le poisson frais, voir ci-dessus la note 2 du tableau *Pêche Maritime*.

Navigation

Entrée	Navires	Français	1,219
		Étrangers	483
		A vapeur français de cabotage	59
		A vapeur français de l'étranger	»
		A vapeur étrangers, venant de l'étranger	180
		Venant d'Islande	117
		Venant des côtes d'Écosse	»
		Total des navires entrés	2,058
Sortie	Navires	Français	1,301
		Étrangers	465
		A vapeur allant au cabotage	44
		A vapeur allant à l'étranger, français	14
		A vapeur allant à l'étranger, étrangers	176
		Allant à Islande	126
		» sur les côtes d'Écosse	»
		Total des navires sortis	2,126

Navires entrés	2,058	jaugeant	178,862
Navires sortis	2,126	id.	183,479
Total général	4,184		362,341

Produit de la pêche de la morue à Islande

28,454 tonnes morues, pes. net 5,000,656 kil.
650,675 morues en vrac, id. 1,187,819

6,188,475 kil., dont 1/4 grand poisson, 1/2 moyen poisson, 1/4 petit poisson.

	Vendu au prix moyen de		
Le quart grand poisson	55 fr. les 134 kil.	634,975	»
La moitié moyen poisson	45 »	1,034,550	»
Le quart petit poisson	38 »	438,740	»
951 tonnes d'abattis	40 la tonne	38,040	»
3,821 » d'huile	40 »	152,840	»
105 » rogues	20 »	2,100	»
	Total	2,301,215	»

Quantité de Genièvre et de Bière fabriqués dans l'arrondissement

Genièvre à 49 degrés centésimaux	litres	296,910	»
Bière forte	litres 7,941,789	10,287,619	»
Bière petite	2,34[illegible],830		

Sucre Indigène

Quantité fabriquée dans l'arrondissement . . . kil.	318,266	»
» livrée directement à la consommation	451,500	»
» expédiée sur les entrepôts	469,000	»

Sucres exotiques

Quantité entrée en consommation . . . . kil. 716,998 »
Droits perçus, décime compris . . . . Fr. 301,127 95

Droits perçus sur les canaux et rivières de l'arrondissement

Fr. 44,566 46.

Les tableaux du mouvement du commerce et de la navigation que l'administration générale des douanes vient de publier dans le *Moniteur* du 23 Juin, nous présentent les résultats suivants pendant les cinq premiers mois de l'année courante :

1° Il est entré au port de Dunkerque, du 1er Janvier au 30 Mai 1854,

	130 navires français jaugeant		15,058 tonneaux,	
Et	195 id. étrangers id.		17,150 id.	
Total	325 navires jaugeant ensemble		32,208 tonneaux.	

2° Il est sorti du port de Dunkerque, du 1er Janvier au 30 Mai 1854,

	114 navires français jaugeant		10,502 tonneaux,	
Et	120 id. étrangers id.		10,267 id.	
Total	234 navires jaugeant ensemble		20,769 tonneaux.	

Les entrées et sorties réunies comprennent pour ces cinq premiers mois, en ce qui se rapporte au port de Dunkerque, 559 navires jaugeant 52,977 tonneaux.

Le nombre des navires entrés dans nos divers ports pendant les cinq premiers mois de 1854, 1853 et 1852 s'élève à :

Total des cinq premiers mois	1854	8,536	navires jaugeant	1,192,191	tonneaux.
	1853	7,057	id.	949,533	id.
	1852	6,851	id.	914,060	id.

Le nombre des navires sortis de nos divers ports pendant les cinq premiers mois de 1854, 1853 et 1852, s'élève à :

Total des cinq premiers mois	1854	6,011 navires jaugeant	830,513	tonneaux.
	1853	6,785 id.	814,025	id.
	1852	6,771 id.	796,979	id.

La navigation des cinq premiers mois continue, comme on le voit, à présenter une augmentation dans le nombre des navires et dans le tonnage, à l'entrée surtout. L'augmentation totale est de 243,000 tonneaux à l'entrée et de 16,000 tonneaux seulement à la sortie. A l'entrée, le pavillon français n'a gagné que 97,000 tonneaux, et à la sortie il en a perdu 14,000.

Quant aux droits perçus, le total s'en est élevé :

Pour le mois de Mai 1854,	à 13,082,551	fr.
Il avait été en Mai 1853 de	11,673,313	»
Et en Mai 1852 de	10,464,964	»

Le total des droits perçus pendant les cinq premiers mois s'élève :

Pour 1854 à	54,293,645	fr.
Il avait été en 1853 de	53,012,404	»
Et en 1852 de	57,238,828	»

La diminution des recettes des cinq premiers mois de 1853 n'ayant pas empêché que le total des perceptions de cette année dépassât celui de 1852, on peut et doit même s'attendre à une augmentation beaucoup plus considérable encore pour l'année 1854.

Au mois de Février de l'année dernière (1853), nous nous sommes livrés à un examen attentif d'un *Etat des importations opérées en 1847 par le port de Dunkerque, ou par la frontière de terre de la Direction,* et, après avoir classé, par ordre d'importance, les principales marchandises importées par mer à Dunkerque, nous sommes arrivés au résultat suivant, qu'il n'est pas sans intérêt de connaître, le port de Dunkerque figurant, comme nous l'avons vu plus haut, au cinquième rang, *pour la réception,* quant aux marchandises importées par le grand et le petit cabotage.

Importations par mer.

Nature des marchandises	Lieu de production et de provenance	Quantités importées. Kil.
Houille crue,	Angleterre, etc.	7,293,087
Graines oléagineuses, lin,	Russie, Indes-Anglaises, Turquie, Allemagne, Pays-Bas,	7,104,273
Sels marins	St-Ubes,	5,459,934
Plomb (minerai brut),	Espagne, Angleterre, Pays-Bas,	4,511,827
Fer (fonte brute),	Angleterre,	4,185,262
Laines en masse,	Russie, Danemarck, Angleterre, Toscane, Allemagne,	3,309,196
Soufre,	Deux-Siciles,	2,998,414
Lin, étoupes (rouis, teillé)	Russie, Allem., Pays-Bas, Anglet.	2,526,890
Café,	Haïti, Indes angl. et holl., Venezuela, Brésil, Philippines, Pays-Bas, Amér. espag. et dan., etc.,	1,804,819
Manganèse,	Pays-Bas,	1,249,457
Sucres des Colonies franç.	Guadeloupe, Martinique, Bourbon Cayenne,	941,544
Fromages,	Hollande,	603,224
Fruits secs ou tapés (de toute espèce,	Portugal, Espagne, Angleterre, Pays-Bas,	580,504
Huiles de morue,	Pays-Bas, grande pêche,	477,978
Résines,	Russie, Suède, Belg., Pays-Bas.	477,001
Marbres blancs pour statuaire (127,803 k.) et autres (318,330 k.)	Toscane et Etats-Romains,	446,133
Bois de teinture en bûches (toute espèce),	Mexique, Angleterre, Indes ang., Guadeloupe,	414,230
Fils de lin (écrus),	Angleterre, Pays-Bas,	357,877
Fer au charbon et au marteau (carré et plat)	Suède, Belgique,	281,632
Alcalis,	Russie, Etats-Unis, Espagne, Pays-Bas, Allemagne, Egypte	274,957
Sels (nit. de pot, de soude)	Chili, Belgique	240,185
Huiles fines, d'olives, palme, coco, graines grasses et autres,	Angleterre, Espagne, Sardaigne, Turquie,	217,612
Citrons, oranges,	Portug., Esp., Deux-Siciles, Angl. 147,762 k., Etats-Sardes 17,435 k.,	165,197
Végétaux filamenteux, (bruts ou teillés),	Angleterre, Indes anglaises,	155,142
Coton en laine,	Pays-Bas, Venezuela, Chili, Brésil, Cayenne, Amérique esp. et dan.,	147,504
Sucre étranger,	Amérique espag., Anglet. et Chine,	132,064
Graines autres que graines oléagineuses,	Russie,	120,227
Jarosse,	Danemarck, Allemagne,	104,855
Pierres férugin., derle ou terre de porcelaine	Angleterre,	100,465
Poivre,	Indes franç., ang. et holl., Allem.,	91,292
Chanvre,	Russie, Autriche,	89,644
Peaux brutes,	Pays-Bas, Allem., Toscane, Suède,	87,683
Noir de fumée,	Angleterre,	75,000
Etain brut,	Pays-Bas, Angleterre,	65,481
Réglisse (racines),	Espagne,	52,225

(N. B.) Il a été transporté du Havre à Dunkerque, pendant l'année 1847, par continuation d'entrepôts et par mer (cabotage) 1,880,051 k. de cafés. — Il est à remarquer que les états de mutation d'entrepôt ne distinguent pas les quantités expédiées par terre.

Il n'a pas été transporté de cotons, du Havre directement.

Pendant l'année 1847, il a été importé dans le port de Dunkerque (de toutes parts, outre le Havre) par cabotage :

652,378 kilog. cafés.
806,052 kilog. cotons.

Nous terminons ce chapitre du commerce de Dunkerque en donnant dans les tableaux ci-après, l'état de l'inscription maritime du quartier de Dunkerque, à partir de 1842 jusqu'en 1853. On pourra de la sorte se rendre un compte parfaitement exact des progrès ou des variations que la navigation a faits ou subis pendant ces douze dernières années (1).

Etat de l'Inscription maritime au quartier de Dunkerque en 1842 *

Espèce de navigation	Nombre de navires	Tonnage	Hommes d'équipage	Représentant une valeur de	Produit de la pêche	
					Tonnes morue, huile, rogues.	Valeur
				fr.		fr.
Long-cours	24	3,858	251	1,011,600		
Grand cabotage	40	5,756	316	1,131,200		
Petit cabotage	51	2,697	426	539,409		
Grande pêche	79	4,043	1,111	1,540,730	39,782	2,153,182
Petite pêche	73	1,378	540	275,600		798,763
Navires inactifs à Dunkerque	26	1,283	»	160,375		
Navires inactifs à Gravelines	34	env. 350	»	106,250		
	327	22,365	2,638	4,735,173	39,782	2,951,945

(1) C'est à l'extrême obligeance de M. Fournier, chef du service de la marine, et à la bienveillance de tous les instants de M. Gleize, commissaire de l'inscription maritime, que nous devons ces précieux renseignements. Nous n'eussions pu en obtenir la communication, en raison des prescriptions d'une circulaire ministérielle qui date de 1849, et une fâcheuse lacune eût ainsi existé dans notre travail, si M. Fournier n'avait eu la bonté d'en faire la demande à S. E. le Ministre de la Marine qui a transmis immédiatement son autorisation par dépêche électrique.

Nous saisissons cette occasion pour consigner ici l'expression de notre gratitude, qui est d'autant plus vive, que M. Gleize, n'a pas reculé devant une journée presque entière de recherches pour nous permettre de publier ces utiles et intéressants renseignements.

(*) Nous avons reproduit cet Etat de l'année 1842 d'après l'ouvrage de M. Dagneau-Dymonsen : *Bilan en perspective des Chemins de fer en France, etc.*

Etat de l'Inscription maritime du quartier de Dunkerque.

Espèce de navigation	Nombre de navires	Tonnage	Hommes d'équipage	Produit de la pêche: Tonnes de morue, huile et rogues.	Produit de la pêche: Valeur
				quint. mét.	francs
1843					
Long-cours	25	4,449	212		
Grand cabotage	34	5,222	267		
Petit cabotage	20	1,068	116		
Grande pêche	89	6,909	1,068	58,588	1,879,365
Petite pêche	102	1,621	785		855,152
Navires inactifs à Dunkerque	24	»	»		
Id. à Gravelines	15	»	»		
	305	19,269	2,446	58,588	2,732,517
1844					
Long-cours	22	4,664	215		
Grand cabotage	54	5,334	270		
Petit cabotage	41	1,918	244		
Grande pêche	98	7,765	1,273	57,756	1,836,968
Petite pêche	87	1,055	727		607,453
Navires inactifs à Dunkerque	25	»	»		
Id. à Gravelines	14	»	»		
	321	20,752	2,729	57,756	2,444,421
1845					
Long-cours	26	5,341	249		
Grand cabotage	38	5,888	297		
Petit cabotage	44	2,074	247		
Grande pêche	87	6,844	1,106	59,455	2,093,646
Petite pêche	107	1,179	840		808,265
Navires inactifs à Dunkerque	22	»	»		
Id. à Gravelines	12	»	»		
	336	21,626	2,739	5,9455	2,901,911
1846					
Long-cours	25	5,243	260		
Grand cabotage	36	5,509	277		
Petit cabotage	35	1,862	239		
Grande pêche	99	7,063	1,425	74,857	2,320,088
Petite pêche	101	1,314	751		650,234
Navires inactifs à Dunkerque	26	»	»		
Id. à Gravelines	16	»	»		
	338	21,391	2,952	74,857	2,950,322
1847					
Long-cours	22	5,287	229		
Grand cabotage	44	7,085	371		
Petit cabotage	27	1,648	198		
Grande pêche	100	7,824	1,459	61,296	1,950,938
Petite pêche	111	1,691	866		601,906
Navires inactifs à Dunkerque	30	»	»		
Id. à Gravelines	20	»	»		
	334	23,235	3,103	61,296	2,552,844

Espèce de navigation	Nombre de navires	Tonnage	Hommes d'équipage	Produit de la pêche	
				Tonnes de morue, huile et rogues	Valeur
1848				quint. mét	francs
Long-cours	17	3,500	171		
Grand cabotage	52	8,999	453		
Petit cabotage	38	1,841	282		
Grande pêche	84	6,964	1,237	61,118	1,827,620
Petite pêche	107	1,620	699		638,414
Navires inactifs à Dunkerque	22	»	»		
Id. à Gravelines	27	»	»		
	347	22,924	2,842	61,118	2,466,034
1849					
Long-cours	15	3,646	172		
Grand cabotage	53	8,447	459		
Petit cabotage	22	1,327	311		
Grande pêche	72	6,044	1,018	60,602	1,901,184
Petite pêche	154	2,416	769		947,900
Navires inactifs à Dunkerque	58	»	»		
Id. à Gravelines	32	»	»		
	386	21,880	2,709	60,602	2,849,084
1850					
Long-cours	27	6,374	308		
Grand cabotage	44	6,253	342		
Petit cabotage	45	1,539	320		
Grande pêche	93	7,184	1,299	72,910	2,646,688
Petite pêche	141	2,080	1,077		809,334
Navires inactifs à Dunkerque	59	»	»		
Id. à Gravelines	67	»	»		
	476	24,230	3,346	72,910	3,456,022
1851					
Long-cours	26	6,299	294		
Grand cabotage	33	5,100	266		
Petit cabotage	37	2,646	271		
Grande pêche	112	8,307	1,558	93,875	3,004,821
Petite pêche	120	2,181	940		1,023,972
Navires inactifs à Dunkerque	20	»	»		
Id. à Gravelines	24	»	»		
	372	24,533	3,329	93,875	4,028,793
1852					
Long-cours	33	7,394	348		
Grand cabotage	24	4,090	190		
Petit cabotage	63	2,650	315		
Grande pêche	116	9,313	1,160	68,443	2,437,637
Petite pêche	117	1,934	843		996,855
Navires inactifs à Dunkerque	39	»	»		
Id. à Gravelines	34	»	»		
	423	25,383	2,856	68,443	3,434,492

Espèce de navigation	Nombre de navires	Tonnage	Hommes d'équipage	Produit de la pêche	
				Tonnes de morue, huile et rogues	Valeur
1853				quint. mét	francs
Long-cours	25	5.625	277		
Grand cabotage	16	2,772	132		
Petit cabotage	48	2,499	300		
Grande pêche	114	9,077	1,630	77,634	2,914,380
Petite pêche	117	1,256	725		1,006,090
Navires inactifs à Dunkerque	34	»	»		
Id. à Gravelines	33	»	»		
	387	21,229	3,064	77,634	3,920,470

Nous mettons ici en regard le total des colonnes qui comprennent le nombre des navires, leur tonnage et leur nombre d'hommes d'équipage :

Années	Navires	Tonnage	Hommes d'équipage
1842	327	22,565	2638
1843	305	19,269	2,446
1844	321	20,752	2,729
1845	336	21,626	2,739
1846	338	21,391	2,952
1847	354	23,235	3,130
1848	347	22,924	2,842
1849	386	21,880	2,709
1850	476	24,230	3,446
1851	372	24,533	3,329
1852	423	25,583	2,856
1853	387	21,229	3,064

Il est à remarquer qu'à partir de l'année 1843, le tonnage des navires *inactifs* n'est pas compris dans le total des tonnages.

Pour mieux saisir encore la valeur relative des chiffres contenus dans chacun de ces tableaux, nous allons mettre ici en regard sous chacune de leur année respective, le nombre des diverses espèces de navires dont l'emploi est indiqué dans la première colonne de ces mêmes tableaux, et nous ajouterons à la suite du nombre de ces navires, leur tonnage et le nombre de leurs hommes d'équipage, ainsi que le produit de la grande et de la petite pêche, etc.

Années	1842	1843	1844	1845	1846	1847	1848	1849	1850	1851	1852	1853
Navires affectés au long-cours.												
Nombre de nav.	31	23	22	26	25	22	17	45	27	26	33	25
Tonnage	5,058	4.419	4.664	5.311	5.243	5,287	3,500	3.646	6,374	6.299	7.593	5.625
Hommes d'éq.	251	212	215	249	260	229	171	472	308	294	318	277
Navires affectés au grand cabotage.												
Nombre de nav.	40	34	34	38	36	44	52	53	44	33	24	46
Tonnage	5.756	5.222	5,354	5.888	5.309	7.085	8.990	8.447	6.235	5.100	4.690	2.272
Hommes d'éq.	346	267	270	297	277	371	453	439	342	286	190	432
Navires affectés au petit cabotage.												
Nombre de nav.	54	20	31	44	35	97	38	22	45	37	63	46
Tonnage	2,607	1.068	1.918	2.074	1.862	1.518	1.841	1.327	1.539	2.646	2.650	2.499
Hommes d'éq.	420	116	244	217	239	198	282	311	320	274	315	300
Navires affectés à la grande pêche.												
Nombre de nav.	73	89	98	87	99	100	84	72	93	112	116	114
Tonnage	6,043	6,909	7.763	6.844	7.663	7.524	6.964	6,034	7.184	8.207	9.345	9.077
Hommes d'éq.	1.141	1.068	1.273	1.106	1.425	1.439	1.237	1.018	1.299	1,558	1,160	1.630
Produit en quintaux métriques	(*)	58.588	57.756	39.453	74.857	64.296	64.118	60.609	72.910	93.875	68.543	77.634
Valeur	2.153.482	1,879,365	1.836.968	2.092.646	2.320.088	1.930,938	1 827.020	1.904.184	2.646.988	3.004.821	2.437.037	2.914.389
Navires affectés à la petite pêche.												
Nombre de nav.	73	102	87	107	101	111	107	134	141	120	117	117
Tonnage	1.378	1.621	1.033	1.479	1.314	1.691	1.620	2.416	2.680	2.181	1.934	1.236
Hommes d'éq.	510	783	727	840	751	866	699	769	1.077	940	843	725
Valeur	798.763	833,152	607,453	808,265	630.234	601.906	638.414	947.900	800,334	1.023.972	996.855	1.006.090
Navires inactifs à Dunkerque.												
	26	24	25	22	26	30	22	58	59	20	39	34
Navires inactifs à Gravelines.												
	34	13	14	12	16	20	27	32	67	24	34	35

(*) Voir le tableau page 75.

Nous pourrions faire à la suite de ces statistiques une foule de réflexions ; mais nous laissons à la sagacité de nos lecteurs à tirer les inductions de ces rapprochements curieux à tant de titres.

Nous terminons ce chapitre par l'état suivant qui date de 1822, afin que l'on puisse apprécier à sa juste valeur le progrès que le commerce de Dunkerque, en ce qui concerne spécialement les armements, a fait dans l'espace de 32 ans.

ÉTAT des navires appartenant au port de Dunkerque en 1822.

DÉSIGNATION des navires par espèce.	Nombre de chaque espèce.	Tonnage	Nombre d'hommes d'équipage.	USAGE AUQUEL les navires sont employés.
Trois-mâts...	15	3,581	150	Commerce des Colonies, voyages en Méditerranée, cabotage d'Océan en Océan et pêche de la morue à Islande, à Terre-Neuve.
Brigs........	33	4,691	238	
Smacks......	1	80	6	
Dogres	23	2,639	248	
Galéasses....	10	932	90	
Galiottes.....	4	436	36	
Goëlettes	8	668	64	Pêche de la morue et cabotage.
Sloops.......	3	446	18	
Corvettes. ...	47	2,531	433	Pêche de la morue et du hareng.
Bateaux, petits bâtiments...	38	281	218	Pêche du poisson frais.
	185	16,065	1,481	

(N. B.) Même observation pour l'addition des chiffres de la seconde colonne que celle que nous avons faite page 67.

D'après un état des constructions neuves et des radoubs exécutés au port de Dunkerque depuis 1814 jusques et y compris l'année 1822, nous voyons que le prix auquel revenaient, à cette époque, par tonneau, les constructions neuves, se raisonnait ainsi :

De 100 à 150 tx., de 210 à 220 fr.
200 250 » 190 220 »
300 350 » 160 180 »
400 450 » 150 160 »

Pour la coque seulement, et non compris les bois ronds.

REVUE RÉTROSPECTIVE.

Telle est l'importance de la position topographique de Dunkerque, qu'en temps de paix comme en temps de guerre, sous la domination espagnole comme sous la domination française, ce port a fixé au plus haut point l'attention de l'Europe, et du XIIe au XVIIe siècle, changea neuf mois de maîtres.

Louis XIV attachait tant de prix à Dunkerque qu'il en fit l'acquisition à l'Angleterre, moyennant 5 millions de livres tournois, le 25 octobre 1662. Le chancelier lord Clarendon, pour s'être prêté à cette vente, se vit hautement dénoncé comme traître à son pays et le roi fut obligé de dissoudre le parlement pour sauver son ministre.

Pour apprécier cette place à sa juste valeur, il faut se rappeler ce que dit Sarrazin dans son *Histoire du siége de Dunkerque* (octobre 1646), que l'auteur écrivit l'année même de la prise de cette ville par le duc d'Enghien, depuis le grand Condé:

« De ce hâvre, dit Sarrazin, sortaient des frégates qui assiégeaient l'embouchure de nos rivières, et qui s'étaient rendus si redoutables sur toutes nos côtes des mers du Ponant. L'antiquité n'a point connu d'hommes plus déterminés sur la mer que les Dunkerquois et nous ne lisons point d'actions navales plus hardies que celles qu'ils ont exécutées. En vérité nous aurions peine à croire que *cette ville seule* eût affaibli le commerce du plus puissant royaume de l'Europe et résisté à des flottes hollandaises qui vont jusqu'au Nouveau-Monde, enlèvent des provinces entières à l'Espagnol, si nous n'avions pas un témoignage funeste, mais irréprochable, de leur fureur et de leur vaillance, les pertes de nos marchands et les vains efforts des navires de l'Etat, et si nous n'écrivions ces choses d'après le consentement général de notre siècle. »

Les comptes de l'Amirauté font connaître d'ailleurs, que depuis le 11 septembre 1652 jusqu'à la guerre de l'indépendance américaine, c'est-à-dire en quarante ans de guerre, les corsaires de Dunkerque, dont l'héroïsme n'a peut-être été égalé que par les seuls corsaires de St-Malo, firent 34,730 prisonniers, prirent, détruisirent ou coulèrent à fond 4,344 navires et leurs prises produisirent 158,175,276 livres, sans comprendre le produit des rançons des prises qui ne pouvaient être emmenées à Dunkerque. Ces rançons, pendant la guerre de l'Amérique, se sont élevées à 7,579,680 livres.

Louis XIV, l'année même de l'acquisition de Dunkerque, publia sa fameuse déclaration de 1662 qui porte:

« Sa Majesté voulant rendre cette ville plus abon-
» dante et plus florissante qu'elle ne l'a jamais été, et
» n'ayant eu pour objet dans son acquisition que le
» rétablissement du commerce, le Roi veut que cette
» ville soit remise en possession non seulement des
» priviléges dont elle a joui ci-devant, mais encore lui
» accorder les franchises, exemptions et immunités
» dont jouissent les villes les plus florissantes. . . . . »

Telle était d'ailleurs, la sollicitude de Louis XIV et de ses ministres Colbert et Louvois pour Dunkerque, que Vauban en fit l'une des places les plus formidables ; ce qui a fait dire au colonel du génie Bélidor, dans son *Architecture hydraulique :*

» De toutes les places maritimes que je pouvais offrir pour exemple de construction de travaux, il n'y en a point qui en ait réuni un plus grand nombre en tout genre que Dunkerque. *Cette place était devenue la plus fameuse école qu'il y eût en Europe pour la construction d'ouvrages hydrauliques.* »

En vertu du traité signé à Utrecht le 11 avril 1713, tous ces ouvrages de terre et de mer furent détruits, le port de Dunkerque comblé, les écluses ruinées et les jetées démolies. Les traités de La Haye (4 janvier 1717); d'Aix-la-Chapelle (12 octobre 1748) ; de Paris (10 février 1763) vinrent compléter cette œuvre d'anéantissement, et un commissaire anglais, le colonel Desmaretz, resta pendant quatorze années à Dunkerque, jusqu'à la guerre d'Amérique, pour y surveiller la stricte exécution des mesures prescrites par ces traités.

Après la paix qui fut signée à Paris en 1783, Dunkerque sortit de ses cendres; Louis XVI confirma sa Franchise par les lettres patentes de février 1784 et du 28 avril 1785. Le Roi fit plus encore, il fit équiper dans le port de Dunkerque six baleiniers à ses frais, et monter ces bâtiments par des matelots d'élite engagés à grands frais à Nantucket, dans les Etats-Unis.

En 1790, Dunkerque arma 54 baleiniers, et était ainsi devenue le principal port baleinier de l'Europe.

La Révolution vint malheureusement arrêter cette marche progressive et la Convention, par son décret du 11 Nivôse an III, porta le coup le plus désastreux au port de Dunkerque, en supprimant sa Franchise qui avait excité de si vives alarmes en Hollande et avait porté la splendeur de cette ville à un si haut degré qu'elle était devenue le principal entrepôt des produits du Nord de l'Europe, sans compter que ses soixante fabriques de tabac occupaient 6,000 ouvriers et exportaient tous les ans pour une valeur de 10 millions de ses produits renommés en Angleterre, en Hollande et aux Etats-Unis.

La Franchise du port de Dunkerque avait compté, après 89, au nombre de ses plus habiles défenseurs, les quatre plus illustres orateurs de la Constituante : Mirabeau, l'abbé Maury, Cazalès et Barnave.

Nous n'étendrons pas davantage cette revue rétrospective, elle suffira pour faire apprécier qu'il est peu de ports qui possèdent dans leur passé des titres aussi recommandables (1).

(1) Nous trouvons dans le compte-rendu de la séance de la Chambre des députés du 4 Mai 1847, un passage relatif au port de Dunkerque, qui est du plus haut intérêt, parce qu'il fait connaître à la fois l'opinion de l'un de nos plus habiles et plus érudits ingénieurs et celle de M. l'amiral baron de Mackau, qui était à cette époque ministre de la marine.

C'est pendant la discussion des crédits supplémentaires pour le département de la Marine que notre honorable ami, feu M. J. A. Cordier, député du Jura, ancien inspecteur divisionnaire des Ponts-et-Chaussées, fit entendre en faveur du port de Dunkerque ce

DUNKERQUE ET LE HAVRE.

En commençant ce chapitre, nous devons faire une remarque à laquelle nous tenons essentiellement : C'est que si nous nous attachons à défendre avec autant de persévérance que d'ardeur les intérêts du port de Dunkerque, ce n'est nullement dans la pensée de susciter une étroite et égoïste concurrence à un port qui occupe aujourd'hui à juste titre, comme celui du Havre, une place considérable dans le monde commercial ; tandis

langage patriotique, dans la bonne acception du mot, comme on peut en juger par l'extrait suivant que nous faisons du *Moniteur* du 5 mai 1847 :

« M. Cordier. J'ai l'honneur d'adresser à M. le ministre de la marine quelques observations sur le port de Dunkerque.

» Le Gouvernement n'a-t-il pas l'intention de rétablir les ouvrages du port de Dunkerque, détruits sous les yeux et par les ordres d'un commissaire anglais ?

» Depuis cinquante ans, on n'a fait aucune construction navale à Dunkerque, et les magasins de la marine sont vides. Il serait cependant de la plus haute importance de rétablir le port de Dunkerque dans son ancienne splendeur militaire, et on ne peut supposer que le traité d'Utrecht empêche encore la France de relever Dunkerque de ses ruines et d'en faire un port militaire !

» On peut donner au port de Dunkerque le même tirant d'eau qu'au port d'Anvers, et plus d'importance encore, en dépensant de semblables sommes. Son entrée ne serait pas commandée, comme celle de l'Escaut, par une puissance étrangère qui impose un péage au passage de chaque navire allant à Anvers.

» Tout conseille donc d'accorder au port de Dunkerque les fonds nécessaires aux grandes améliorations qu'exigent sa position militaire, son passé glorieux et son commerce, afin de donner aux héroïques marins de ce port la possibilité de rendre encore d'immenses services à la France, comme dans les derniers siècles.

» M. de Mackau, *ministre de la marine*. Je réponds à l'honorable membre que, depuis deux ans, le département de la marine a été, plus qu'à aucune autre époque, préoccupé de l'importance du port de Dunkerque. Je ne m'attendais pas à la demande qui vient de m'être adressée ; si j'avais pu la prévoir, j'aurais apporté dans cette chambre des renseignements fournis par des délibérations récentes du conseil d'amirauté.

»..... Tout ce que je puis dire en ce moment à l'honorable membre, c'est que le département de la marine se gardera bien de prendre aucune mesure qui pût diminuer l'importance du port de Dunkerque. Loin de là, il saisira avec empressement les occasions d'approprier au service militaire et des localités des ressources que je reconnais être très-utiles... ... (*) »

(*) Voir l'introduction de la 3e édition (1846), de notre *Histoire de Jean Bart et de sa Famille* et à la fin des *Notes et Documents* les *Notes sur Dunkerque et son arrondissement*.

qu'en 1814, il y a quarante années à peine, ce port n'était rien, mais ne pouvait manquer toutefois de devoir, tôt ou tard, grâce à sa proximité, et surtout aux capitaux de Paris, la splendeur qu'il a conquise aux dépens de Dieppe.

Nos lecteurs n'ignorent pas que l'antique et opulente cité d'*Ango*, l'armateur qui étonna par son faste et sa magnificence, par ses palais monumentaux et son innombrable flotte, François Ier lui-même et sa splendide cour; que Dieppe, après avoir été la première des temps modernes à fonder sur la côte d'Afrique des établissements européens, à porter les drapeaux français aux Indes et à la Chine; après avoir eu un commerce gigantesque, ne figure plus même, dans les documents officiels, au nombre de nos principaux ports.

Quoiqu'il en soit, si le nom du Havre se rencontre fréquemment dans les lignes qui suivent, Dieu nous garde que ce soit par un sentiment d'antagonisme, de mesquine et jalouse rivalité; mais il n'en pouvait être autrement en présence de l'anomalie qui existe et qui ne pourra manquer de frapper aussi vivement nos lecteurs que nous l'avons été nous-mêmes avec nos collaborateurs.

Le port du Havre possède d'ailleurs, assez et trop d'éléments de puissance et de développement commercial pour avoir à craindre jamais que Dunkerque puisse lui faire éprouver le sort qu'a subi Dieppe.

Lorsque nous avons appris, le mois dernier, par le *Moniteur*, l'accroissement considérable que va recevoir la ville du Havre, dont l'enceinte trop resserrée porte de fâcheuses entraves au mouvement de ses importantes affaires de chaque jour; lorsque nous avons encore appris par la feuille officielle que le Havre est appelé en outre à se voir doter d'un *dock-entrepôt*, établissement dont nous avons démontré, depuis plusieurs années déjà et à diverses reprises, les avantages et les immenses facilités qu'il présente au commerce; nous

nous sommes réjoui de ces intelligentes faveurs, parce qu'il s'agissait d'un intérêt essentiellement français, d'un intérêt national, dans toute l'extension du mot.

On nous permettra, après un pareil aveu, de nous exprimer maintenant en toute franchise sur l'étrange délaissement où le port de Dunkerque est resté jusqu'à ce jour, en ce qui se rapporte surtout à l'importation des cotons et au transport des émigrants.

Nous nous sommes demandé dans tous les temps comment il a pu se faire que les nombreux districts manufacturiers de nos départements septentrionaux, ayant dans leur voisinage un port comme celui de Dunkerque, dont la haute importance fut si bien appréciée en Europe pendant ces deux derniers siècles surtout, soient devenus tributaires du Havre, aux dépens de leur port naturel qui, à la fin du dernier siècle, commerçait encore avec l'Amérique du Nord, d'où les armateurs Dunkerquois faisaient venir les intelligents et vigoureux marins qui montaient la plupart de leurs baleiniers.

Une semblable anomalie ne peut s'expliquer que par le regrettable abandon où le port de Dunkerque a été laissé trop long-temps, après le décret du 11 Nivôse an III, qui supprima sa Franchise.

Le temps est heureusement arrivé où nous ne nous trouvons plus seul à élever notre voix contre un état de choses aussi illogique.

En effet, au mois de Mars de l'année 1853, l'organe officiel du département, *le Nord, journal de Lille*, dans un article signé par M. Lomon, s'exprimait ainsi :

« Aujourd'hui le Havre est, pour ainsi dire, le seul marché aux cotons. Excepté quelques navires qui portent à Dunkerque des cotons d'Égypte, c'est au Havre que s'approvisionnent les filatures du Nord et de l'Alsace. Les navires expédiés de la Nouvelle-Orléans sont reçus au Havre par des commissionnaires qui vérifient les qualités, expédient à Lille celles que nos filateurs leur ont désignées et envoient le reste aux filateurs du Bas-Rhin.

» Ainsi, les cotons sont transportés du Havre à Paris, pour de là subir un nouveau voyage avant d'arriver à destination.

» Si, au lieu d'entrer au Havre, les navires chargés de coton arrivaient à Dunkerque, la marchandise débarquée n'aurait pas besoin de toucher terre. Elle passerait du palan au wagon, et quelques heures après elle serait à Lille, où le propriétaire pourrait la vérifier lui-même. Les qualités rebutées seraient expédiées en Alsace par Douai et Rheims, un embranchement destiné à relier ces deux villes ayant été concédé le 19 février 1852...... »

Quelques jours après, revenant à la même question, M. Lomon disait :

« Les hommes compétents en pareille matière comprennent combien il importe aux filateurs de Lille et à ceux de l'Alsace de s'affranchir du tribut payé aux intermédiaires du Havre. En effet, comme le dit M. Vanderest, comme nous l'avons dit nous-mêmes, c'est en diminuant autant que possible leurs frais généraux que les filateurs français pourront lutter contre leurs rivaux d'Angleterre. Ces derniers produisent à meilleur marché que nous, et, malgré les tarifs, nous font une concurrence dangereuse sur le marché intérieur, et victorieuse sur les marchés étrangers ».

Nous ajoutions de notre côté :

Nous nous expliquerions cette faveur dont jouit le Havre, si nos manufactures de coton se trouvaient concentrées dans les départements de la Seine-Inférieure, comme elles le sont en Angleterre dans le comté de Lancastre ; mais, en voyant ces manufactures disséminées sur des points aussi éloignés de nos départements septentrionaux, qui ont dans leur voisinage un port aussi important que l'est celui de Dunkerque, nous ne pouvons expliquer la continuation d'une pareille faveur qu'en l'attribuant, comme M. Lomon, à des habitudes tenaces, à une routine aussi aveugle qu'inexorable.

Mais une question d'une importance non moins grande pour le port de Dunkerque, que celle d'alimenter les filatures de nos départements septentrionaux et de l'Alsace de la matière première, c'est la question de l'émigration.

C'est encore le *Nord, Journal de Lille*, qui nous fournit des arguments irréfutables en faveur du port de Dunkerque. Voici ce que M. L. Couailhac y écrivait dans le numéro du 28 avril 1853 :

« Il y a deux ou trois jours nous avons été, dans la gare de notre chemin de fer, témoin d'un spectacle qui nous a inspiré des réflexions assez tristes. Quatre ou cinq cents émigrants, composant un village tout entier, occupaient plusieurs wagons dans le train qui se dirigeait sur Paris. De là ils devaient aller au Havre et s'y embarquer pour les Etats-Unis.

» Ainsi, voilà des émigrants qui passent tout à côté de Dunkerque, et font cent vingt lieues de plus pour aller prendre leur point de départ dans un autre port. N'y a-t-il pas là quelque chose de tout-à-fait anormal? Comme *le fait se reproduit presque toutes les semaines*, calculez ce que nous perdons à ne pas savoir attirer de notre côté ce flot d'émigrants, calculez ce qu'ils y perdent eux-mêmes. Sur ce long parcours, leurs dépenses sont considérables, et leurs frais de séjour montent à un prix bien plus élevé au Havre qu'ils ne le seraient à Dunkerque. Quant à nous, nous y perdons toutes ces dépenses qui feraient vivre nos petites industries locales, qui offriraient un débouché supplémentaire au commerce, à l'agriculture, qui établirait un courant de numéraire sur tous les marchés d'alentour; mais nous y perdons bien plus encore, nous y perdons la vie même du port de Dunkerque et l'accroissement de notre industrie manufacturière par la baisse des prix de revient.

» En effet, quelle est la principale objection contre l'arrivée des cotons à Dunkerque? L'absence d'un fret d'aller pour notre marine, d'un fret de retour pour les Américains. Eh bien! les émigrants constituent un fret excellent, productif, toujours prêt. On le sait bien au Havre, où plus de deux cents navires partent tous les ans, chargés de familles allemandes. Nous sommes plus rapprochés que les Havrais du point qui sert d'aliment à l'émigration, il y aurait économie pour les émigrants à s'embarquer chez nous; nous avons un port admirable qui peut mettre le coton au seuil de nos fabriques, et nous ne ferions aucun effort pour détourner de notre côté ce courant qui va se perdre loin de nous, contre toutes les lois de la logique et de la véritable économie politique! C'est impossible. Nous sommes convaincus qu'à force d'être prêchées, ces vérités finiront par être reconnues, et que l'évidence nous fera sortir de nos habitudes routinières. La place de Dunkerque est trop active, la fabrique du Nord est trop intelligente, pour qu'elles ne mettent pas un jour leurs efforts en commun, afin d'atteindre un résultat si favorable à nos intérêts. »

M. L. Conailhac apprécie, comme on le voit, parfaitement toute l'importance de cette question, au point de vue tout à la fois de l'industrie, du commerce, de la marine et de l'agriculture ; aussi le comptons-nous au nombre des plus intelligents défenseurs des intérêts du port de Dunkerque; intérêts qui, nous ne saurions trop le redire, sont à l'égard de Lille, de tout le département, puis encore du Pas-de-Calais, de la Somme, de l'Aisne et de l'Alsace, ce que les intérêts du port de Liverpool sont à l'égard de Manchester et de tout le Lancashire.

Quant à l'objection qui a été faite, contre l'arrivée des cotons à Dunkerque, la réponse est facile.

Admettons, en effet, les cotonniers à Dunkerque ; admettons que les émigrants y arrivent pour s'y embarquer pour les Etats-Unis ; ce qui est d'autant plus indubitable, que l'on en voit des ports anséates et d'Anvers aller s'embarquer à Liverpool ; eh ! bien, nos chances de succès sont alors absolument les mêmes que celles du Havre.

Vainement nous dira-t-on qu'il existe au Havre d'autres éléments de fret qui n'existent pas à Dunkerque. L'objection n'est pas sérieuse et tombe devant le plus simple examen.

En effet, quels sont les principaux articles dont se composent les deux cent millions environ d'exportation de la France aux Etats-Unis (1)?

(1) Ces exportations figurent au *Commerce spécial* en valeurs actuelles pour 193,544,000 fr. en 1850, et 144,584,000 fr. en 1851.

Ce sont des

		en 1850	en 1854
Tissus { de soie s'élevant à une	valeur de	94,134,000 f.	51,719,000 f.
Tissus { de laine	—	17,052,000	13,560,000
Peaux ouvrées	—	10,662,000	11,992,000
Vins	—	9,126,000	11,935,000
Eaux-de-vie et Liqueurs	—	9,265,000	9,596,000
Tissus de coton	—	6,601,000	3,910,000
Peaux préparées	—	6,254,000	4,155,000
Mercerie et Boutons	—	5,582,000	5,270,000
Poterie, verres et cristaux	—	3,059,000	3,383,000
Tissus de lin et de Chanvre	—	3,665,000	2,835,000
Garance	—	3,054,000	2,534,000
Papier, livres et gravures	—	2,507,000	2,237,000
Outils et ouvrages en métaux	—	2,087,000	1,734,000

Fruits de table, modes et fleurs artificielles, parfumerie, plumes de parure, tabletterie et bimbeloterie, poissons marinés ou à l'huile etc. etc.

A l'exception des vins et eaux-de-vie que les Américains vont charger à Marseille et Bordeaux principalement, puis encore, mais en quantité peu importante, à Cette et à la Rochelle et non au Havre, tous ces articles, qui présentent généralement une grande valeur mais proportionnellement une faible capacité d'encombrement, ne procurent donc qu'un fret très médiocre et par conséquent très peu productif pour les Américains.

Les lignes suivantes que nous reproduisons du *Courrier du Havre* du 2 Août 1853, mettent d'ailleurs à néant les objections dont il s'agit :

« L'émigration pour les Etats-Unis a pris la route du Havre, parce que les vastes navires américains qui nous apportent du coton retournent aux Etats-Unis *ou sur lest, ou avec très peu de charge*, et qu'ils sont, dès lors, tout naturellement disposés à prendre des émigrants à bon marché. »

Une autre objection avait encore été faite contre le port de Dunkerque ; mais la lettre que nous avons reproduite pages 58 à 60, et qui nous a été adressée par un ancien capitaine de navire, y a répondu d'une manière si concluante, qu'il est inutile d'insister.

S'il pouvait néanmoins exister encore le moindre doute à ce sujet, nous n'aurions qu'à rappeler que dans l'intercourse de la Nouvelle-Orléans avec la France et l'Angleterre,

1° Le tonnage moyen des navires américains affectés à la navigation avec l'Angleterre, a été en 1848-49-50 et 1851, de 575-538-667 et 706 tonneaux ;

2° Le tonnage moyen des navires anglais affectés à la navigation avec l'Angleterre, a été en 1848-49-50 et 1851, de 576-622-632 et 659 tonneaux ;

3° Enfin, le tonnage moyen des navires américains affectés à la navigation avec la France, a été en 1848-49-50 et 1851, de 497-575-553 et 543 tonneaux.

Il importe toutefois de remarquer que le tonnage moyen des navires faisant le voyage entre la Nouvelle-Orléans et le Havre a été plus élevé, et que ce tonnage pour les navires américains naviguant entre ce chef-lieu de la Louisiane et le Havre n'a pas été moindre de 700 tonneaux.

Il ne faut pas encore perdre de vue que chaque année le tonnage va augmentant non seulement aux Etats-Unis, mais que toutes les nations maritimes comprennent l'urgente nécessité de suivre le même progrès.

Mais, quelle appréhension saurions-nous concevoir à l'égard du port de Dunkerque, après ce que nous avons vu pages 60 et 61 ; sans compter d'ailleurs que les cotonniers américains ont bien loin d'avoir naturellement le même tirant d'eau que les navires chargés en lourd.

Nous ne répéterons pas ici ce que nous avons dit, au chapitre qui traite de l'Algérie, des incontestables avantages que présente le port de Dunkerque sur tous les autres ports aux producteurs de coton algérien, nous y revenons plus loin dans le chapitre où nous donnons la statistique de l'importation des cotons et des filatures qui existent en France.

Si donc le port de Dunkerque mis en parallèle avec le port du Havre peut à bon droit prétendre à obtenir une large part dans l'importation des cotons et le transport des émigrants, cette démonstration devient plus évidente encore dans le chapitre suivant où nous constatons les progrès prodigieux que fait le port d'Anvers depuis ces trois dernières années surtout.

(Voir le chapitre : *Mouvement de l'Émigration.*)

DUNKERQUE ET ANVERS.

Entre toutes les villes maritimes du Nord de l'Europe, Dunkerque et Anvers sont celles qui ont éprouvé les plus extraordinaires vicissitudes. Rien de dramatique comme l'histoire de ces deux cités ; et, par une similitude remarquable, le traité d'Utrecht fut aussi fatal à l'une qu'à l'autre ; car ce traité (11 et 12 avril 1713) par lequel Louis XIV dut consentir à l'anéantissement de Dunkerque pour délivrer le pays du fléau de la guerre et sauver peut-être même la nationalité française, fut, pour Anvers, la confirmation en quelque sorte du traité qui fut signé le 30 Janvier 1648 à Munster ; traité où fut stipulé le sacrifice des intérêts Anversois, tandis que, par l'article Ier, le roi d'Espagne reconnut « les » Etats-Généraux des Provinces-Unies, avec les Pays » et Villes leurs Alliées, pour des *Etats et Pays libres » et Souverains.....* »

On sait que les guerres de religion qui signalèrent la seconde moitié du XVIe et la première moitié du XVIIe siècle eurent un terme en l'année 1648 où la paix de Westphalie fut conclue à *Osnabruck* par le parti protestant et à *Munster* par les catholiques.

Ce fameux traité termina la guerre de trente ans, proclama la liberté de religion pour tous les Etats et reconnut l'indépendance des Pays-Bas et de la Suisse.

Nous avons dit que le traité de Munster consomma la ruine d'Anvers ; en effet, l'article 14 de ce traité est ainsi conçu :

« Les Etats seront obligés de fermer l'Escaut, les » canaux du Sas de Gand et les autres bouches. »

Ce fut là pour Anvers l'équivalent de l'article 9 du traité d'Utrecht, article qui eut un si grand retentissement en Europe, et dont voici le texte :

» Le Roi Très-Chrétien fera raser les fortifications » de la ville de Dunkerque, combler le port, ruiner les » écluses, qui servent au nettoiement du port, le tout » à ses dépens et dans le terme de cinq mois après la » paix conclue et signée, savoir : Les ouvrages de mer » dans l'espace de deux mois, et ceux de terre avec » lesdites écluses dans les trois suivants, *à condition* » *encore que lesdites fortifications, port et écluses* » *ne pourront jamais être rétablis* : Laquelle démo- » lition toutefois ne commencera qu'après que le Roi » Très-Chrétien aura été mis en possession générale- » ment de tout ce qui doit être cédé en équivalent de » la susdite démolition. »

A partir de 1648, la décadence d'Anvers, décadence qui avait commencé d'ailleurs à partir de 1584, année de la prise de cette ville par Alexandre Farnèse (1), fut si rapide, qu'en 1659, onze années après le traité de Munster, le chiffre de sa population était tombé à 53,918 de 104,981 qu'elle avait été en 1568, sans compter les matelots, les faubouriens et la population flottante évaluée de 40 à 50,000. Nous voyons cette population réduite en 1776 à près de 37,000, ou le quart environ de ce qu'elle comptait autrefois.

Avant d'arriver à la renaissance de ce port, jetons encore un rapide regard sur son passé.

Dès le temps des invasions normandes, le port d'Anvers jouissait déjà d'un certain renom. Au XIVe siècle, grâce aux immunités qu'il exigea et obtint de ses sou-

(1) Alexandre Farnèse, Duc de Parme, dont la mémoire est restée chère aux Dunkerquois, fit restaurer leur port dont il comprenait toute l'importance, et pendant qu'il assiégeait Anvers, il fit venir de Dunkerque des bâtiments de guerre pour défendre le passage de l'Escaut et empêcher la ville assiégée de recevoir les secours qu'on se disposait à lui envoyer de ce côté.

verains, il attira dans ses murs les comptoirs de toutes les nations ; et bientôt nous le voyons recueillir l'opulente dépouille de Bruges, la métropole commerciale de l'occident, où la Hanse teutonique et les villes d'Italie avaient leurs bureaux.

A partir de cette époque, des marchands de Lubeck et de Brême, des Portugais, qui comptaient alors parmi eux les premiers navigateurs du monde, des Italiens et des Allemands, arrivent en masse à Anvers pour y former de gigantesques établissements.

Déjà, en 1505, un ambassadeur de Venise écrivait à son Gouvernement :

« Anvers seul fait autant d'affaires que tous les au-
» tres ports des Pays-Bas ensemble ; . . . . autant en un
» mois que Venise en toute une année. »

En effet, les franchises et priviléges dont les négociants étrangers jouissaient aussi bien que les indigènes, firent que l'Allemagne, le Danemarck, l'Italie, l'Espagne, l'Angleterre et le Portugal concoururent, en établissant à Anvers leurs principaux comptoirs, à créer de cette place l'un des entrepôts les plus considérables du monde.

A la Bourse d'Anvers, se rencontraient souvent jusqu'à 5,000 négociants, courtiers et capitaines de toutes les nations. Anvers devint le marché monétaire le plus important de l'Europe et ses banquiers furent bientôt les banquiers de tous les rois (1). L'industrie n'y resta pas non plus en arrière, témoin ses nombreuses verreries, fabriques de tapis, d'étoffes de laine et de soie, ateliers de mercerie, ses orfèvres, ses lapidaires qui jouissaient d'une réputation des plus éclatantes. C'est à ce point que Guichardin écrivit qu'en deçà des Alpes,

(1) En moins d'une année, de mai 1560 à février 1561, la reine Marie d'Angleterre eut à payer à la place d'Anvers une somme équivalant à environ 70 millions de notre monnaie ; et sir Thomas Gresham, le fondateur de la Bourse de Londres, emprunta à celle d'Anvers, dans l'espace de quatre ans, jusqu'à 487,902 livres (121,750,000 fr.).

il n'y avait pas, excepté Paris, de ville comparable à Anvers.

Arrivée à l'apogée de sa splendeur, cette ville était surnommée à bon droit la *Venise du Nord*, la reine des Villes anséatiques, lorsque, ainsi que nous l'avons vu, Alexandre Farnèse et le traité de Munster vinrent détruire toutes les espérances que le merveilleux et rapide développement des transactions du port d'Anvers, avait fait concevoir au monde commercial.

Cent quarante-quatre années s'écoulèrent ainsi, lorsque la conquête de la Belgique par la France en 1792 vint mettre un terme au blocus de l'Escaut.

Le général Labourdonnaye entra à Anvers le 19 novembre et il fit publier, le 25 du même mois, un décret rendu par la Convention nationale qui proclamait la *liberté absolue de l'Escaut.*

Il est à remarquer qu'en raison de ce décret ce fut du port de Dunkerque que sortit une flottille composée de la frégate l'*Ariel*, et de six autres bâtiments d'un moindre tonnage, qui remonta l'Escaut, arriva devant Anvers et y fut accueillie avec un enthousiasme universel. La Bourse fut, à cette occasion, splendidement illuminée.

Ainsi, ce fut du port de Dunkerque, que partirent à deux siècles de distance, deux flottes, la première qui fut destinée à concourir à la ruine et à la servitude du glorieux berceau de Rubens ; la seconde à la rendre à la fortune et à la liberté.

Cependant, les Autrichiens étant rentrés à Anvers l'année suivante 1793, la république des Provinces-Unies réclama et obtint de nouveau la fermeture de l'Escaut; mais cet état de choses ne dura pas long-temps et la conquête de la Hollande par Pichegru ainsi que la fondation de la République Batave vinrent y mettre un terme, et le 17 mai 1795 imposa à cette république un traité dont l'art. 18 stipula que l'Escaut et le Hond appartiendraient en commun aux deux républiques et que les navires français et hollandais jouiraient des mêmes avantages pour la navigation du fleuve.

Les Hollandais cherchèrent bien encore à entraver la navigation sous l'un ou l'autre prétexte ; mais il fallut céder devant les injonctions de la France.

La domination française ne tarda pas d'exercer sur les destinées d'Anvers la plus heureuse influence. En effet, tandis que le plus grand nombre de navires qui entra dans ce port par les eaux intérieures, s'éleva, pendant toute la fermeture de l'Escaut, dans l'espace d'une année, en 1776, à 12 dont 9 de Nantes, et 3 de Livourne, de Lorient et de Bordeaux, nous voyons déjà, en 1806, le mouvement commercial d'Anvers comprendre à l'entrée 2,137 navires jaugeant 115,545 tonneaux et à la sortie 2,814 d'un tonnage de 144,429. Il est vrai toutefois que le commerce de ce port se composait principalement à cette époque de cabotage et que l'arrivée d'un navire de 100 tonneaux y était chose rare.

Mais ce qui fixa bientôt de nouveau l'attention de l'Europe sur Anvers, ce furent les immenses travaux qu'y fit exécuter l'empereur Napoléon qui, dans le seul espace de six années, y réalisa des prodiges; les démolitions pour la reconstruction des bassins commencèrent en mars 1804; le quartier dit *Boeren kwartier* fut complètement rasé en 1806 et les bassins furent entièrement achevés en 1810.

« Au commencement de 1807, dit A. Ferrier, dans sa *Description historique et topographique d'Anvers*, *dix* vaisseaux de ligne étaient en construction à Anvers. En 1813, il en avait lancé *trente* dont un à trois ponts, de 120, deux de 80, les autres de 74 canons, et 4 frégates. En 1814, les matériaux de construction et les munitions navales, enfermées à Anvers, représentaient une valeur de plus de 300 millions. »

Anvers vit sous la domination française sa population

s'accroître avec sa prospérité. En 1812, on y compta 60,000 âmes et au départ des français 54,000.

Réuni à la Hollande par l'acte du 20 Juin 1814, Anvers vit son commerce aller en progressant sous la souveraineté de la maison d'Orange. Le roi Guillaume y contribua de tout son pouvoir, malgré la jalousie de Rotterdam et d'Amsterdam, en créant en 1822, la *Société générale pour l'encouragement de l'Industrie* et en 1824, la *Société de Commerce* (*Handel-Maatschappy*).

C'est cette dernière société créée au capital de 37 millions de florins, qui contribua surtout à agrandir le cercle des transactions du port d'Anvers.

Rien de plus sage, de plus judicieusement conçu que les statuts de cette société.

La société ne pouvait exporter que des produits et objets fabriqués indigènes, sauf de rares exceptions, lorsque les marchandises ne pouvaient être fournies à des prix convenables par les fabriques et les manufactures du pays (art. 66 des statuts).

Elle ne pouvait se servir pour ses transports que de bâtiments néerlandais, construits dans la mère-patrie ou ses colonies, et commandés par des néerlandais (art. 73).

Elle devait de préférence se servir de navires affrétés (art. 74) et elle devait, autant que possible, encourager la construction des navires d'un grand tonnage, en donnant aux armateurs l'assurance qu'ils seraient affrétés par la société, à un taux convenable, pour quelques voyages successifs (art. 75).

« Dans les Colonies, dit l'auteur du document d'où nous reproduisons ces renseignements, des avances considérables furent faites à tous ceux qui voulurent s'y consacrer à la culture des denrées coloniales. Le Gouvernement se faisait payer de ses avances en nature, faisant preuve ainsi du libéralisme le plus éclairé et le plus progressif. »

C'est par de pareils moyens que la colonie de Java devint la plus riche et la plus productive du monde entier, et que les armateurs, intelligemment encouragés par les frets considérables que leur payait la *Société de Commerce*, créèrent comme par enchantement cette belle marine marchande dont la Néerlande est encore aujourd'hui si fière à juste titre.

On peut juger par les chiffres suivants de la progression du commerce d'Anvers : Il y entra par mer en 1824 625 navires ; en 1825, 744 ; en 1826, 920 ; en 1827, 817 ; en 1828, 955 ; en 1829, 1028, dont plusieurs d'un tonnage considérable.

La population avait atteint en 1830 le chiffre de 73,000 âmes ; soit 13,000 de plus que sous le régime impérial.

Nous ne nous arrêterons pas aux désastres qu'entraîna, pour Anvers, la révolution belge de 1830, et nous arrivons au traité de paix qui fut signé le 19 Avril 1839, entre la Hollande et la Belgique.

L'article 9 de ce traité autorise la Hollande à prélever, sur tous les navires naviguant sur l'Escaut, un droit de tonnage de un florin 50 cents par tonneau, soit un florin 12 cs. à la remonte et 38 cs. à la descente du fleuve ; mais ce droit a été mis à la charge du Trésor, dans l'intérêt du commerce belge, qui est aujourd'hui affranchi de toute entrave pour sa navigation de l'Escaut dans toute son étendue.

La Belgique ayant, à la suite de sa révolution, perdu le commerce des Indes, l'activité du négoce se reporta vers les colonies libres, vers Cuba, le Brésil, St-Domingue et les Etats-Unis.

Il faut rendre cette justice au Gouvernement du roi Léopold, c'est qu'il a su prendre les mesures les plus utiles dans l'intérêt du commerce belge. C'est ainsi que des encouragements donnés aux exportations vers les pays transatlantiques ont porté de 1846 à 1850 à 16 millions, la moyenne des exportations vers ces pays, qui de 1841 à 1845 avaient été de 6 millions à peine.

Des maisons belges ont ainsi pu créer des comptoirs à la Havane, à Valparaiso, au Brésil et en Australie.

La loi du 3 Mars 1851 a, d'ailleurs, établi pour el transit un tel régime de liberté qu'il équivaut presque à une franchise absolue.

Aussi le chiffre du transit qui, en 1839, était de 37 millions dépassa-t-il en 1852 celui de 242 millions!

Mais ce qui s'étend surtout et se multiplie d'une façon extraordinaire à Anvers c'est le commerce avec les Etats-Unis. Nous avons déjà vu à la page 47 qu'au mois de Juillet 1852, les demandes de coton faites à la Nouvelle-Orléans à la destination d'Anvers avaient presque *triplé*. Il est vrai qu'en l'année 1853 les demandes n'ont pas été aussi importantes; mais à voir depuis quelques mois le mouvement du port d'Anvers, nous pouvons déjà conclure que les résultats de l'année seront, en ce qui concerne le commerce avec les Etats-Unis, des plus satisfaisants.

On pourra juger par le tableau qui suit du développement qu'ont pris à Anvers les relations transatlantiques.

Il est à remarquer que les navires qui arrivent aujourd'hui des Etats-Unis à Anvers ont un tonnage presque double de ceux qui y arrivaient en 1837-38 et 1839.

Le port d'Anvers a reçu :	de 1837 à 1839, en moyenne.	en 1853,
de l'Amérique du Nord. . . .	64 navires	69 navires.
Brésil.	31 »	52 »
Grandes-Indes	4 »	34 »
Cuba.	30 »	81 »
Saint-Domingue.	20 »	19 »
Rio de la Plata.	17 »	38 »
Turquie et mer Noire. . .	29 »	220 »
Mexique et Guatimala. . .	3 »	3 »
Mer Pacifique.	1 »	23 »
Afrique.	0 »	16 »

Le tableau ci-après comprend les importations par

mer des quatre principaux articles du commerce depuis 1837 jusqu'en 1853.

Années	CAFÉ. — Balles et barils	COTON. — Balles et surons	CUIRS. — Pièces	SUCRES. — Caisses, barriques canastres, sacs et nattes
1817 à 1821	125,381	12,322	198,408	23,563
1822 1826	222,439	15,781	314,875	43,437
1827 1831	326,357	19,606	278,169	49,832
1832 1836	177,478	23,797	250,708	54,580
1837 1841	179,042	36,344	353,067	61,142
1842 1846	199,718	36,541	679,715	108,343
1847 1851	220,261	50,288	696,625	163,888
1852	250,070	88,650	504,028	150,773
1853	223,951	60,555	450,985	272,860

Nous donnons enfin dans un troisième tableau le nombre des navires arrivés à Anvers depuis 1828 et 1829, les années les plus florissantes du règne du roi Guillaume, jusqu'en 1853 :

Années	Navires	Tonnage	moyenne
1828	955	136,456	143
1829	1,028	160,658	156
1832 à 1836	1,120	142,938	128
1837 1841	1,307	209,028	160
1842 1846	1,672	256,326	153
1847 1851	1,500	255,273	171
1852	1,628	326,864	200
1853	1,805	335,500	184

D'après ce que nous apprenons des sorties qui ont eu lieu du port d'Anvers pendant les premiers six mois mois de l'année courante (1854), on trouve encore un progrès considérable à constater, comparativement à la même période de l'année dernière, ainsi qu'on peut en juger par les chiffres suivants :

Port d'Anvers.

	Navires sortis	Chargés	Sur lest
Du 1er Janvier au 30 Juin 1854. .	954	737	217
Dº 1853. .	588	471	117
En plus en 1854. .	366	266	100

Ce sont là sans doute des chiffres éloquents entre tous. Aussi, de même que pour le Havre il y a aujourd'hui nécessité absolue pour Anvers d'agrandir son enceinte, en raison de son activité commerciale qui grandit chaque année en importance et de la population qui augmente dans des proportions si extraordinaires que le temps est proche peut-être pour Anvers où ce port n'aura plus rien à envier aux époques les plus prospères et les plus brillantes de son histoire.

Au mois de Mars dernier (1854), une pétition a été adressée au roi Léopold par les président, vice-président et secrétaire de la commission de la 5e section et des faubourgs d'Anvers, à l'effet de solliciter un appui moral, consistant dans la nomination par le Gouvernement belge de trois commissaires, chargés d'étudier avec la dite commission les plans d'agrandissement et les moyens de parvenir à leur mise à exécution. Nous avons sous les yeux la pétition dont il s'agit et nous y lisons :

« . . . . Anvers tend à redevenir aujourd'hui la ville active et puissante du XVIe siècle.

» Si sa population n'a pas tout-à-fait atteint le chiffre de cette brillante époque, elle s'en rapproche sensiblement et, en revanche, ses places publiques se sont agrandies, des embellissements successifs ont élargi ses rues, ses monuments se sont multipliés, des bassins ont été creusés, des entrepôts ont été construits, établissements datant d'hier et déjà insuffisants aujourd'hui ; les besoins des habitants se sont étendus et, quoique moins nombreux, nous nous mouvons dans un plus étroit espace.

» La libre navigation de l'Escaut est à jamais assurée. Garantie en termes formels par les traités, elle l'est encore indirectement par les communications immenses qui vont, dans quelques mois, faire d'Anvers le centre d'un rayonnement colossal de voies ferrées, et par la jonction prochaine de l'Escaut à la Meuse. Ces travaux accomplis, la fermeture du fleuve ne pourrait plus être, en toute occurrence, qu'un accident passager, dont l'intérêt de tous les peuples réclamerait bientôt la reparation. . . . . . »

Le plan que la commission Anversoise propose d'adopter, a été dressé en 1850. Conçu dans de vastes proportions, ce plan comprend les faubourgs de Borgerhout, de Berchem, et une fraction de la commune de Merxem.

Enfin, telle a été la transformation rapide de la ville d'Anvers, après la réouverture de l'Escaut, qu'en 1852 les cinq sections de cette ville comptaient 94,147 habitants, sans compter les vastes faubourgs de Berchem et de Borgerhout dont il vient d'être question. On se rappelle que cette population s'est réduite jusqu'à 37,000 après la fermeture de l'Escaut, dont la liberté ne fut légalement reconnue qu'au mois de Mai 1795. C'est donc une augmentation de population de 57,147 âmes dans l'espace de 59 ans.

(Voir le chapitre : *Mouvement de l'émigration.*)

IMPORTATIONS DE COTON ET FILATURES.

Au chapitre qui traite des États-Unis, nous avons donné la quantité des cotons importés des ports de l'Union Américaine en France, en Angleterre et autres États de l'Europe pendant la campagne commerciale de 1851-52. Le tableau suivant fait connaître les importations faites en France, du 1er janvier au 31 décembre pendant les années 1851-52 et 1853, par les ports du Havre, de Marseille, de Bordeaux, de Nantes, etc., de cotons provenant non seulement des États-Unis, mais encore du Brésil, du Levant, des Indes-Occidentales, etc., ainsi que les débouchés et stocks.

Tableau général des importations de coton en France, des débouchés et des stocks, du 1er janvier au 31 décembre.

1853.

Importations	Havre	Marseille	Bordeaux Nantes, etc.	Total
États-Unis	374,572	10,066	9,350	393,988
Brésil	2,861	12	»	2,873
Levant	1,085	47,824	3,846	52,755
Indes-Orientales	»	200	124	324
Autres provenances	10,934	4,128	2,533	17,595
Balles	389,452	62,230	15,853	467,535
Stock, 1er Janvier	23,075	5,045	2,000	30,118
Balles	412,527	67,275	17,853	497,653

Importations	Havre	Marseille	Bordeaux, Nantes, etc.	Total
Débouchés 12 mois. .	387,547	42.833	17,071	447.451
Stock — Etats-Unis . .	23,946	1,875	482	26,303
Stock — Bresil	»	»	»	»
Stock — Levant. . . .	15	21,060	150	21.225
Stock — Indes-Orient .	310	»	150	460
Stock — Autres sortes .	709	1,505	»	2,214
Total, 31 Décembre	24,980	24,440	782	50,202

1852.

	Havre	Marseille	Bordeaux, Nantes, etc.	Total
Etats-Unis	376,300	11,775	5,198	393,273
Brésil	5,824	178	»	6,002
Levant	557	36,679	1,352	38,588
Autres provenances .	8,606	10,727	3,402	22,735
Balles	391,287	59,359	9,952	460,598
Stock, 1er Janvier . .	22,610	7,661	2,421	32,692
Balles	413,897	67,020	12,373	493,290
Débouchés 12 mois .	390,822	61,977	10,373	463,172
Stock — Etats-Unis . .	19,983	1,307	100	21,390
Stock — Brésil	1,552	»	»	1,552
Stock — Levant	495	3,250	150	3,895
Stock — Autres sortes	1,045	486	1,750	3,281
Total, 31 Décembre	23,075	5,043	2,000	30,118

1851.

	Havre	Marseille	Bordeaux, Nantes, etc.	Total
Etats-Unis.	284,015	6,615	6,552	297,182
Brésil.	7,546	»	1,133	8,679
Levant	»	16,999	1,479	18,478
Autres provenances .	10,076	15,378	7,836	33,290
Balles	301,637	38,992	17,000	357,629
Stock, 1er Janvier . .	39,911	15,095	1,200	56,206
Balles	341,548	54,087	18,200	413,835
Débouchés 12 mois. .	318,938	46,426	11,779	377,143
Stock — Etats-Unis . .	15,589	232	538	19,359
Stock — Brésil	1,789	»	8	1,797
Stock — Levant. . . .	»	2,139	»	2,139
Stock — Autres sortes .	5,232	5,290	5,875	16,397
Total, 31 Décembre	22,610	7,661	6,421	36,692

Les deux tableaux ci-après contiennent les résultats pour les six derniers mois des années 1852-53 et 1854, et le mouvement comparatif des importations de coton en France et en Angleterre pendant la même période.

TABLEAU GÉNÉRAL DES IMPORTATIONS DE COTON EN FRANCE, DES DÉBOUCHÉS ET DES STOCKS, DU 1ᵉʳ JANVIER AU 30 JUIN.

1854.

Importations	Havre	Marseille	Bordeaux Nantes, etc.	Total
Etats-Unis.	250,344	1,443	6,023	257,810
Brésil.	1,117	»	40	1,217
Levant.	1,550	11,098	523	13,171
Indes-Orientales. . .	»	50	20	70
Autres provenances. .	5,785	322	505	6,612
Balles.	258,856	12,915	7,111	278,880
Stock, 1ᵉʳ Janvier . .	24,980	24,440	782	50,202
Balles	283,856	37,355	7,893	329,082
Débouchés 6 mois . .	201,109	31,285	5,956	238,350
Stock — Etats-Unis . .	80,525	690	838	82,053
Stock — Brésil	533	»	20	553
Stock — Levant. . . .	950	5,090	543	6,583
Stock — Indes-Orient. .	174	»	150	324
Stock — Autres sortes.	545	288	386	1,219
Total, 30 Juin. . .	82,727	6,068	1,937	90,732

1853.

Importations	Havre	Marseille	Bordeaux Nantes, etc.	Total
Etats-Unis.	316,655	10,016	6,782	333,451
Brésil.	1,912	»	»	1,912
Levant	934	34,396	3,141	38,471
Indes-Orientales . . .	»	200	»	200
Autres provenances. .	6,149	3,188	1,833	11,170
Balles.	325,648	47,800	11,756	385,204
Stock, 1ᵉʳ Janvier . .	23,075	5,045	2,000	30,118
Balles.	348,723	52,845	13,756	415,322
Débouchés 6 mois.. .	217,152	21,235	10,244	248,629
Stock — Etats-Unis . .	129,220	6,245	1,132	136,597
Stock — Brésil	336	»	»	336
Stock — Levant. . . .	904	22,940	1,280	25,124
Stock — Indes-Orient. .	629	»	240	869
Stock — Autres sortes .	482	2,425	860	3,767
Total, 30 Juin. . .	131,571	31,610	3,512	166,695

1852.

Importations	Havre	Marseille	Bordeaux Nantes, etc.	Total
Etats-Unis.	290,455	8,292	4,452	303,199
Bresil.	2,641	58	»	2,699
Levant.	»	19,756	»	19,756
Autres provenances. .	4,827	1,437	2,174	8,438
Balles.	297,923	29,543	6,626	334,092
Stock, 1ᵉʳ Janvier . .	22,610	7,661	6,421	36,692
Balles	320,533	37,204	13,047	370,784
Debouchés 6 mois. .	245,603	20,400	6,528	272,531

Importations		Havre	Marseille	Bordeaux, Nantes, etc.	Total
Stock	Etats-Unis . .	70,710	1,330	919	72,979
	Brésil	242	»	»	242
	Levant. . . .	»	10,054	»	10,054
	Autres sortes .	3,978	5,400	5,600	14,978
Total, 30 Juin. . .		74,930	16,804	6,519	98,255

TABLEAU DU MOUVEMENT DES COTONS EN FRANCE ET EN ANGLETERRE, DU 1er JANVIER AU 30 JUIN.

France.

		1854	1853	1852
Etats-Unis		257,810	333,451	303,199
Brésil.		1,217	1,912	2,699
Egypte		13,171	38,471	19,756
Indes-Orientales.		70	200	»
Autres sortes.		6,612	11,170	8,438
Balles.		278,880	385,200	334,092
Stock, 1er Janvier		50,202	30,118	36,692
Balles.		329,082	415,322	370,784
Débouchés, 6 mois. . . .		238,350	248,629	272,531
Stock	Etats-Unis	82,055	136,597	72,979
	Brésil	553	336	242
	Egypte.	6,585	25,124	10,054
	Indes-Orientales. .	324	869	»
	Autres sortes. . .	1,210	3,767	14,978
Total, 30 Juin.		90,732	166,693	98,255

Angleterre.

		1854	1853	1852
Etats-Unis		1,118,666	1,135,825	1,224,852
Brésil		52,544	65,699	60,267
Egypte.		31,424	51,631	68,408
Indes-Orientales.		186,159	266,605	»
Autres sortes.		1,667	4,972	47,836
Balles.		1,390,450	1,524,730	1,401,363
Stock, 1er Janvier.		717,580	657,520	494,600
Balles		2,108,300	2,182,250	1,895,963
Débouchés, 6 mois . . .		1,054,330	1,195,950	1,178,763
Stock	Etats-Unis	655,500	609,100	553,500
	Brésil.	46,900	35,950	34,200
	Egypte.	64,900	89,500	36,500
	Indes-Orientales. .	285,000	245,950	»
	Autres sortes. . .	1,400	6,000	93,000
Total, 30 Juin.		1,053,700	986,300	717,200

Enfin, voici l'état des cotons importés au Havre pendant les six premiers mois, durant une période de dix années, à partir de 1845 jusqu'en 1854 :

TABLEAU SOMMAIRE DU MOUVEMENT DES COTONS AU HAVRE, DU 1er JANVIER AU 30 JUIN DES ANNÉES SUIVANTES :

	Stock 1er Janvier	Arrivages	Débouchés	Stock 30 Juin
1854 . . . Balles.	24,980	258.858	200,836	83,000
1853. . . »	23,025	325,000	226,025	122,000
1852. . . »	22,610	302 000	244,000	80.000
1851. . . »	39,900	209,008	169,706	79,202
1850, . . »	38,000	185,711	166,711	57,000
1849. . . »	20,000	221,878	191,878	50,000
1848. . . »	45,000	200,704	125,704	120 000
1847. . . »	25,000	120,190	115,690	70,000
1846 . . »	51,300	201,696	175,596	77,400
1845. . . »	53,000	224,555	202,055	75,000

D'après l'enquête faite par ordre du gouvernement en 1837, nos manufactures de coton produisent annuellement et en temps commun pour une valeur de **600 millions** de francs.

La quantité de coton en laine qu'elles emploient, peut être évaluée à près de 40 millions de kilogr.

Le nombre des broches est de 3 millions 500,000.

Celui des ouvriers de 600,000.

Le salaire et les frais de transport s'élèvent à 400 millions.

D'après un curieux rapport de M. Mimerel, filateur à Roubaix, la France emploie pour 110,000 millions de matières premières, y compris le blanchiment et les matières colorantes.

Les intérêts des capitaux engagés représentent 30 millions.

La dépréciation de nos usines à 5 p. 0/0 peut être portée à 15 millions, et l'entretien de ces mêmes usines à 15 autres millions.

En temps ordinaire, les bénéfices des producteurs montent à 30 millions.

Suivant M. Mimerel, l'industrie cotonnière consomme 35 millions de kilogr. de coton par an, qui coûtent 70 millions, que la France paie à l'Etranger pour se procurer la matière première.

La réponse suivante que nous avons eu l'honneur de recevoir de M. Besson, préfet du Nord, permet d'apprécier l'immense importance de l'industrie cotonnière dans le seul arrondissement de Lille, qui comprend Roubaix et Tourcoing (1) :

« Monsieur,

» Par une lettre du 11 juillet dernier (1853), vous
» m'avez demandé quelques renseignements sur l'état
» de la filature de coton dans le département du Nord.

» Le département du Nord compte 95 établissements
» où l'on travaille le coton, savoir :

» 74 Filatures,
» 21 Retorderies.

» Ces établissements font mouvoir ensemble **894,332**
» broches et emploient 20,419 ouvriers, dont :

» Dans l'arrondissement de Lille	862,832	br.	19,914 ouvriers
Id. de Douai	23,500		395
Id. de Cambrai	8,000		80

» Les filatures du Nord emploient trois sortes de
» cotons :

» Le Géorgie longue soie d'Amérique, pour moitié
» à peu près du nombre de broches ;

» Les cotons d'Egypte, pour un quart environ ;

» Et les courtes soies d'Amérique, pour un autre
» quart environ.

» Dans le nombre des ouvriers ci-dessus indiqué, on
» ne compte pas ceux employés par plusieurs industries
» annexes, et comme presque tous les ouvriers fileurs
» de coton sont pères de famille, on peut, sans exagé-
» ration, porter à **80,000** le nombre des habitants du

(1) Un fait remarquable et qui ajoute à l'importance de Roubaix, qui est aujourd'hui, sous le rapport de la population (35,460 âmes), la seconde ville du département du Nord, ainsi que de Tourcoing, c'est qu'en décrivant autour de ces deux villes un cercle dont le rayon ne serait que de 25 milles, ou environ 10 lieues et 1/2, l'espace inscrit offre la partie de la France dont la population est la plus grande, sans en excepter même celle des environs de Paris.

» département auxquels la filature du coton fournit des » moyens d'existence.

» Agréez, Monsieur, l'assurance de ma considération très-distinguée.

» *Le Préfet,*

» BESSON. »

A St-Quentin et aux alentours, sont groupées 37 filatures avec 210,000 broches. Les filatures occupent 4,000 ouvriers; les blanchisseries, apprêts, etc. 1,200; le tissage, la broderie, etc. 70,600, non compris ceux pour les tulles. — Total 75,800 ouvriers.

Les manufactures de coton d'Amiens et de ses environs emploient 18,000 ouvriers.

Les filatures de l'Alsace en occupent 17 à 18,000; le tissage 70,000; l'impression 12 à 15,000 et la blanchisserie 1,000. — Total 105 à 110,000 ouvriers.

On compte dans la Seine-Inférieure 240 filatures qui comprennent un million de broches. — Le coton filé dans ce département peut être évalué à 248,000 kil. par semaine, ce qui donne pour l'année 12 millions 986,000 de kil.

L'industrie cotonnière est essentiellement répandue dans les départements du Nord, de la Seine-Inférieure, du Haut et du Bas-Rhin, puis de la Somme, l'Aisne, l'Eure, la Manche, sur la lisière des Vosges, de la Haute-Saône et du Doubs, à Paris, Lyon, Tarare, Nîmes, Montpellier, Troyes, Nancy, etc.

MOUVEMENT DE L'ÉMIGRATION.

Rien de merveilleux comme le spectacle que présente depuis ces dix dernières années surtout, le mouvement d'émigration qui, des divers pays d'Europe, se ramifie sur le globe entier et principalement dans l'Amérique du Nord, dont l'exemple est aujourd'hui suivi avec une fiévreuse ardeur par l'Amérique du Sud et l'Océanie. Du sol épuisé de notre vieille Europe s'élancent d'innombrables masses à la conquête pacifique de ces immenses terres vierges qui n'attendent que la main de l'homme pour répandre leurs inépuisables trésors et payer au centuple aux intrépides pionniers le prix de leurs labeurs.

Ainsi que nous l'avons fait pour les articles qui précèdent, nous allons recourir aux documents officiels et, à défaut de ceux-ci, aux renseignements les plus dignes de foi, afin de tracer un tableau aussi fidèle que possible de ces grandes et pacifiques conquêtes où l'outillage agricole et industriel est substitué aux homicides armures.

Comme introduction aux dernières statistiques que nous avons recueillies, reproduisons d'abord les extraits de quelques feuilles et publications périodiques qui se sont spécialement occupées de la question de l'émigration.

A la date du 30 juin 1853, on écrivait de Stuttgard, ainsi que nous le voyons dans les *Annales du Commerce extérieur :*

« Le mouvement de l'émigration continue dans une proportion dont plusieurs Etats commencent à s'alarmer. Le Grand-Duché de Hesse aurait même déjà fait à la diète de Francfort une proposition concernant les mesures à prendre à cet égard. A Prague, le gouvernement a adressé aux curés catholiques et aux pasteurs protestants une circulaire pour les inviter à éclairer les habitants des campagnes sur les suites, dangereuses pour eux, de l'émigration en Amérique. Pendant le mois de mai 1853, le chiffre des émigrants s'est élevé à 5,000 pour le seul chemin de fer du Haut-Rhin. La Bavière, la Bohême et la Thuringe en avaient fourni le plus grand nombre.

» D'après le dernier recensement de la population du royaume de Wurtemberg, fait au mois de janvier 1852, le nombre des habitants ne s'élevait qu'à 1,733,263, tandis qu'en 1849 il était encore de 1,744,595 ; diminution, 11,322. Dans ce chiffre, les environs de Stuttgard figureraient plutôt pour une augmentation sur les années précédentes ; mais dans les autres cercles, particulièrement du côté de la Forêt-Noire, la diminution a été sensible. En Prusse, au contraire, le dernier recensement de 1852 aurait donné 16,935,420 habitants pour 510,451 lieues carrées ; soit, terme moyen, 3,318 habitants et une augmentation de 104 individus par lieue carrée sur l'avant-dernier dénombrement.

» Le Wurtemberg se trouve donc, par suite de cette comparaison, dans une situation exceptionnelle ; il a été fait un rapport aux États sur la demande du magistrat de Bourgberg pour obtenir des secours propres à faciliter l'émigration d'une partie des habitants de cette commune. Après une assez longue discussion, la chambre a reconnu la nécessité d'adopter l'avis de la commission, qui concluait à ce que le gouvernement accordât les fonds nécessaires à l'émigration de 350 habitants de Bourgberg. »

Le *Moniteur* du 18 Juillet 1853, donne la traduction suivante d'un article publié en allemand par le *Deutsches Museum :*

« On évalue déjà le nombre des émigrants allemands pour l'année courante à 300,000 individus, emportant un capital de 100 millions de florins ; dans ce total nous ne comprenons pas la valeur des forces productives qui seront perdues pour l'Allemagne. Au premier coup d'œil ces chiffres peuvent paraître exagérés ; mais on ne tarde pas à y ajouter pleine confiance, quand on voit à Manheim, à Francfort, à Cologne, ces bandes d'émigrants que chaque bateau à vapeur amène de l'intérieur du pays. Si d'abord on a plaint avec un sentiment de pitié philanthropique ces malheureux en haillons, privés des choses les plus nécessaires à la vie, et qui s'en allaient pleins d'une joie immodérée au-devant d'un avenir meilleur, sur les plages de l'Amérique, on ne peut aujourd'hui s'empêcher de ressentir une émotion patriotique en voyant des hommes, dans toute la force de l'âge, bien vêtus, pourvus des objets essentiels, et qui partent calmes, sérieux, envisageant avec sang-froid la position nouvelle qu'ils ont choisie de plein gré sans que le besoin les y forçât. Nous ne chercherons pas si la situation politique des États, petits et moyens, de l'Allemagne, contribue beaucoup à l'émigration. Nous dirons seulement qu'il est digne de remarque que les petits États, malgré leur faible étendue et leur population minime, fournissent à l'émigration un contingent beaucoup plus considérable que ceux du nord et du centre de l'Allemagne .»

Le *Mercure de Souabe*, de son côté, nous apprenait ceci à la date du 22 Juillet 1853 :

« D'après les documents qui viennent d'être publiés sur l'émigration allemande dans le Grand-Duché de Bade depuis l'année 1840 jusqu'en 1852, le nombre des individus qui se sont embarqués pour l'Amérique a été de 2,565 en moyenne pour les années 1840 à 1847 ; de 1,686 pour 1848 ; de 7,913 pour 1851 ; et, pour 1852, de 14,566, ce qui fait un total de 48,583 émigrants. La population entière du Grand-Duché, qui se montait en 1846 à 1,367,486, n'était plus en 1852 que de 1,356,000. C'est aux progrès de l'émigration et à la stagnation des intérêts industriels qu'il faut attribuer cette décroissance de la population. »

Les nouveaux emprunts que nous faisons aux *Annales du Commerce extérieur* ne sont pas moins instructifs :

Allemagne. — *Emigrants.*

« L'émigration allemande prend chaque jour un plus grand développement, et elle se compose surtout des individus qui ont quelques resssources. On a calculé qu'en moyenne chaque émigrant emportait de 200 à 300 florins (428 à 640 fr). Si maintenant on remarque que le seul port de Brême a, en 1851, embarqué 37,493 passagers, et 58,551 en 1852 ; si à ces chiffres on ajoute ceux des ports de Hambourg, d'Ostende, d'Anvers et du Havre, on arrivera à un chiffre énorme de partants et à une masse considérable d'argent exportée du pays. On citait dernièrement trois villages allemands qui avaient annoncé l'intention d'émigrer en masse, tous les habitants voulant se reconstituer en communes dès leur arrivée en Amérique. La grande division de la propriété, qui ne donne à chacun qu'un malaise sans espoir d'amélioration notable, est, dit-on, l'une des causes de la confiance que les émigrants accordent aux promesses exagérées dont on les flatte ». (24 juillet 1853.)

Hambourg. — *Nolisements. — Emigrants.*

« . . . . . . Les nolis sont à la hausse pour presque tous les pays, notamment pour les contrées transatlantiques. La pénurie des bâtiments d'un fort tonnage a été telle, que des exportateurs hambourgeois, ne trouvant pas sur place des navires convenables en ont loué en Suède, en Norwége et dans d'autres pays du Nord, pour des chargements pressés à destination de l'Amérique et d'autres régions lointaines. C'est surtout pour le transport des émigrants que le manque de navires se fait sentir, chaque convoi de chemin de fer apportant des masses d'artisans et de laboureurs qui vont tenter la fortune au-delà des mers.

» Pour le seul mois d'avril 1853, dix-huit trois-mâts, dont le plus faible jaugeait 430 tonneaux, ont pris la mer avec 3,446 émigrants ; treize de ces voiliers allaient à New-York, deux à Québec, un à la Nouvelle-Orléans, un au Brésil. Ce dernier emportait 47 ouvriers pour la colonie de Dona-Francisca.

» En ajoutant à ces émigrants ceux qui ont été ultérieurement expédiés aux Etats-Unis par l'Angleterre, on arrive à un total de 5,328 individus. La Prusse y figure pour le contingent le plus considérable, 1,546 émigrants; puis le Mecklembourg, 1,055 ; le duché Danois, 604 ; la Thuringe, 519 ; la Saxe, 290 ; le Hanovre, 170 ; la Hesse électorale, 175 ; la Bavière, 524. Les autres Etats du sud de l'Allemagne et de la Suisse, qui dirigent ordinairement leurs émigrants sur le Havre, ne contenaient ensemble que 16 passagers dans ce mouvement, ce qui prouve l'avantage considérable que la voie de France offre à ces émigrants, comparativement à celle des ports Hanséates, Hollandais et Belges. » (28 juin 1853.)

Enfin, M. le général Walsin d'Esterhazy, qui commande la subdivision du Gard, s'exprime ainsi dans un rapport qu'il a lu à la séance du 10 décembre 1853 de l'académie du Gard sur les *Annales de la Colonisation Algérienne* :

« Les *Annales* (1) appellent l'attention de l'Europe sur les efforts que font en ce moment les états espagnols de l'Amérique du sud, pour attirer vers les contrées qui leur sont soumises une partie du grand courant d'émigrants qui, tous les jours, quitte la vieille Europe et se dirige vers l'Amérique du Nord. Réveillées par l'exemple dss Etats-Unis, les répu-

(1) Livraison du mois d'août 1853.

bliques de l'Amérique méridionale commencent à sortir de leur longue apathie, et paraissent vouloir se retremper, en appelant à elles l'énergique élément de l'émigration étrangère. Les gouvernements de la Plata, du Paraguay, de la Bolivie, du Pérou, font les uns après les autres, appel au génie de l'Europe et de l'Amérique du Nord. Les républiques de la Bolivie et du Pérou surtout se distinguent par les mesures empreintes de la plus remarquable libéralité qu'elles viennent d'adopter en faveur des émigrants de tous les pays. Deux décrets, signés par les présidents Manuel-Isidore Belzu, pour la Bolivie, et José-Rufino Echenique, pour le Pérou, proclament non-seulement la liberté de navigation sur toutes les rivières intérieures de ces deux Etats, mais accordent en outre à l'agriculture, à l'industrie, au commerce, aux colons émigrants, et même aux compagnies d'émigration, les plus larges et les plus libérales concessions. L'impulsion semble donnée actuellement : Il est à croire que ces appels énergiques seront entendus, et que ces masses émigrantes qui abandonnent chaque année leur patrie ne seront plus uniquement absorbées par l'Amérique du Nord ; mais qu'une portion de ce courant viendra aux pieds de la chaîne des Andes ou dans le gigantesque bassin du Maragnon, peupler et fertiliser ces admirables contrées, encore désertes et incultes. Puissions-nous ne pas rester nous-mêmes entièrement étrangers à ce grand mouvement qui va, il faut l'espérer, appeler l'entreprenante et hardie race blanche sur les bords de la rivière des Amazones. Puisse notre belle colonie de la Guyane, dont notre collègue M. Maurin nous a fait connaître, dans une si savante et si complète monographie, les immenses ressources, et sur laquelle le Gouvernement vient d'attirer l'attention par la création de ses colonies pénitentiaires, recevoir aussi son contingent colonisateur. »

M. Walsin d'Esterhazy, qui a dirigé les affaires arabes dans la province d'Oran avec une grande distinction, termine son rapport que nous avons lu avec le plus vif intérêt, par ces expressions d'autant plus remarquables que le brave général a une connaissance profonde des immenses ressources que l'Algérie est destinée à fournir à la mère-patrie :

« Messieurs, nous l'avons souvent dit ailleurs, et nous le répétons avec conviction, après l'illustre maréchal à qui nous devons cette précieuse conquête : « Pour prix de ses efforts, » de ses longs sacrifices, pour prix du sang de ses enfants, » la France trouvera en Algérie la place d'un grand peuple et » d'un grand empire. »

Nous allons passer maintenant en revue les principaux ports d'embarquement et de destination.

Ports d'embarquement.

Nous commençons d'abord par les ports d'Angleterre et d'Irlande, comme la contrée où le transport des émigrants est le plus considérable ; nous arriverons ensuite au port du Havre, aux ports Anséates et enfin au port d'Anvers.

Liverpool.

Le *Journal des Débats* disait à la date du 12 février 1853 :

« En 1846, année où, pour la première fois, la pomme de terre manqua à l'Irlande, le chiffre des émigrants partis de Liverpool, s'éleva à 71,517, et depuis il a, d'après les *Annales du commerce extérieur*, auxquels nous empruntons les détails numériques contenus dans cet article, suivi la progression ci-après :

1847.	134,524	1850.	174,187
1848.	131,320	1851.	206,015
1849.	153,902	1852.	229,099

» Le nombre total des émigrants embarqués dans tous les ports du royaume britannique (du moins le nombre officiellement constaté, car beaucoup de ports secondaires n'en tiennent pas contrôle) ayant été, en 1852, de 350,467, on voit que Liverpool se charge à lui seul des deux tiers de ces transports ; mais il s'en faut de beaucoup que tous ces colonistes soient fournis par la population anglaise. Tels sont le bon marché, les facilités du passage et la rapidité des trajets sur les steamers de Liverpool, que nombre d'émigrants de l'Allemagne du Nord, au lieu de profiter des lignes établies à Brême, à Hambourg, s'embarquent dans ces ports pour venir prendre la voie de Liverpool, ou encore de Bristol, de Hull, de Londres, de Southampton. On sait pourtant quel flot d'émigrants se presse chaque année dans le port de Brême, dont la marine en a transporté l'an dernier 37,439 .... »

Sur le nombre de 229,099 émigrants qui sont partis en 1852 de Liverpool, 137,331, dont 56,012 hommes, 44,755 femmes et 36,564 enfants, se sont embarqués sur des navires anglais jaugeant 368,294 tonneaux.

En 1853, Liverpool, sur un total de 369,000 émigrants partis des ports d'Angleterre pour les divers points du globe, en a embarqué 244,000 qui ont occupé près de 800 navires jaugeant 800,000 tonneaux.

M. Chemin Dupontès, chef de bureau au ministère du Commerce, a fait à propos de ces chiffres les observations suivantes :

« La plupart de ces passagers vont, comme on le sait, aux États-Unis, un certain nombre au Brésil, d'autres en Australie, en Californie. Si maintenant on évalue à 300 francs en moyenne leurs frais de passage (prix d'entrepont), ceux qu'entraîne l'attente, si courte qu'elle soit, du départ, et (circonstances à noter) les achats souvent importants, au départ, de vêtements, d'ustensiles, d'outils, on sera certainement bien plus au-dessous qu'au-dessus du vrai. Or, ce mouvement, ainsi calculé, ne représente pas moins de 75 millions de francs, dont la majeure partie, bien entendu, revient à l'industrie des transports. C'est là, on le voit, la source d'importants bénéfices pour le port de Liverpool, dont les docks, en 1851, avaient perçu sur 174,188 émigrants, 40,000 livres sterling de droits (1,000,000 de francs). Aussi compte-t-on à Liverpool 180 maisons de commerce qui, dès 1851, se sont associées pour fonder un établissement propre à recevoir, loger et nourrir, à de très modiques frais, la masse d'émigrants irlandais, anglais et allemands qui affluent chaque année dans le port..... »

C'est à Liverpool que l'émigration pour l'Australie a son siége principal.

Le nombre des émigrants qui se sont embarqués à Liverpool pour l'Australie, en 1853, est de 20,778, répartis sur 39 navires jaugeant 60,670 tonneaux.

Ceux des émigrants qui sont partis du même port

pour les Etats-Unis et pour les possessions anglaises de l'Amérique du Nord étaient, dans la même année, au nombre de 203,720, en grande partie Irlandais et Allemands, embarqués sur 480 navires d'un tonnage collectif de 531,987 tonneaux, et montés par 3,212 hommes d'équipage.

Londres.

Les seuls navires anglais ont transporté, en 1852, 31,247 émigrants, qui se divisaient ainsi : 15,257 hommes, 7,964 femmes, 8,026 enfants. Tous ces émigrants étaient destinés pour l'Australie.

Southampton.

Les transports d'émigrants ont contribué à une si rapide progression du commerce de ce port, que son mouvement maritime qui, dans la campagne de 1850, a été (entrée et sortie réunies) de 946 navires, jaugeant 264,680 tonneaux, s'est élevé en 1851 à 1,190 navires d'un tonnage de 339,659, et, en 1852, à 1,360 navires d'un tonnage de 380,504.

C'est une augmentation d'environ 46 p. °/₀ dans le chiffre des navires et celui du tonnage, dans le seul intervalle de trois ans.

C'est de Southampton que partent la plupart des individus que le Gouvernement anglais envoie en Australie aux frais des budgets coloniaux.

41 navires, jaugeant 31,096 tonneaux, sont partis, en 1853, de Southampton pour l'Australie, emmenant 12,164 émigrants, dont 822 seulement ont payé leur passage ; les 11,342 autres ayant été embarqués au compte des Colonies. La totalité de ces émigrants a été ainsi répartie entre les divers ports de destination :

Sydney	2,413
Adélaïde	2,102
Melbourne	3,156
Geelong	1,008
Autres ports	3,485
Total	12,164

Il a encore été expédié en 1853, de Southampton pour Melbourne et Sydney, 4 bâtiments à vapeur à hélice avec des émigrants d'une classe supérieure à ceux embarqués sur les 41 navires à voiles (voir pages 52 et 53).

Plymouth.

8,443 émigrants sont partis en 1852 de Plymouth, sous pavillon britannique. Le tonnage des navires sur lesquels ils se sont embarqués était de 50,957.

Glasgow & Greenock.

Il est parti de ces deux ports, en la même année 1852, sur navires anglais jaugeant 37,860 tonneaux, 11,542 émigrants.

Ports d'Irlande

Les expéditions sous pavillon britannique, qui comprennent, en 1852, un total de 32,523 émigrants, se sont ainsi réparties :

	Tonneaux	Émigrants
Belfast	3,995	1,560
Dublin	11,191	4,101
Galway	2,038	774
Limmerick	14,809	7,007
Londonderry	13,019	4,662
Queenstown	19,667	7,468
Sligo	4,357	1,916
Waterford / New-Ross	12,566	5,135
	81,842	32,525

Nous avons vu d'ailleurs, en donnant le mouvement de Liverpool, qu'un nombre considérable d'Irlandais vont s'embarquer dans ce port, de préférence aux ports d'Irlande.

Havre.

Le Havre est aujourd'hui le second port d'émigration de l'Europe. Mais, chose étonnante, chose déplorable, pour apprécier cette situation prospère, nous en sommes réduits aux renseignements publiés par un journal ; car nous ne connaissons aucune publication qui se soit spécialement appliquée à suivre le magnifique mouvement de ces expéditions et, tandis que nous savons si bien ce qui se passe chez les autres, grâce à la publication de précieuses statistiques, nous savons à peine ce qui se passe chez nous, n'ayant que des données plus ou moins approximatives.

Nous devons nous estimer heureux néanmoins des recherches qu'a faites le *Courrier du Havre* pour se rendre un compte aussi exact qu'il lui a été possible de le faire de cette situation.

Voici ce que nous lisons dans le numéro du 16 février 1853 de ce journal :

« Pendant l'année 1852, il a été visé au bureau de police du Havre, 34,633 passeports, ce qui indique que 104,000 personnes environ se sont embarquées au Havre.

» L'administration fait remarquer que ce chiffre est le résultat du nombre de passeports multiplié par 3, attendu que chaque passeport contient terme moyen 3 voyageurs ; mais, s'il ne s'agissait que de l'Amérique, il faudrait multiplier par 4.

» En retranchant donc 16 pour cent de ce chiffre de 104,000 on a celui de **87,360**, qui peut être considéré comme étant plutôt au-dessous qu'au dessus de la réalité, car le plus grand nombre des émigrants se dirige sur l'Amérique, la moyenne des personnes inscrites sur les passeports délivrés pour l'Amérique est de quatre et nous ne l'avons cependant évaluée qu'à trois.

» D'après le même calcul, l'émigration du Havre, en 1851, se serait élevée au chiffre de **55.000**. »

Voici le tableau comparatif des visas de passeports à l'étranger délivrés au bureau de police du Havre pendant une période de dix années à partir de 1843 :

1843. . . .	11,144	1848. . . .	14,086
1844. . . .	11,658	1849. . . .	19,210
1845. . . .	15,148	1850. . . .	18,110
1846. . . .	17,274	1851. . . .	21,806
1847. . . .	19,350	1852. . . .	34,785

Total des passeports délivrés au Havre pendant ces dix années : 182,469.

Le *Courrier du Havre* du 6 juin dernier (1854) ne peut donner le chiffre exact du mouvement de l'émigration pour l'année 1853; mais, d'après ses raisonnements, ce chiffre ne peut avoir été inférieur à celui de l'année précédente. Quant à l'année courante, le même journal constate que, depuis le commencement de 1854, les départs d'émigrants du Havre, *ont augmenté dans une proportion considérable*.

Encore une fois, il est déplorable que nous en soyons réduit à des données aussi vagues pour apprécier le mouvement de l'émigration dans le seul port de France où il s'embarque, pour ainsi dire, des émigrants, et qui sous ce rapport, est relativement, ainsi que nous le disons en commençant cet article, *le second port de l'Europe*; tandis qu'en Angleterre, en Allemagne, en Belgique, de même que pour les ports de destination des États-Unis et de l'Australie, nous trouvons les renseignements les plus précis, qui nous sont fournis par les registres locaux.

C'est surtout l'achèvement de la ligne de Strasbourg qui a contribué aux succès que nous venons de constater, car c'est de la Suisse, de la Bavière, du Bassin Rhénan méridional, de l'Allemagne du sud principalement que viennent avec un fort petit nombre de nos nationaux, les émigrants qui s'embarquent au Havre.

Rappelons encore ici que la Compagnie du chemin de fer de Strasbourg a baissé au commencement de l'année 1853, les prix des places pour les émigrants, de 40 à 27 et même 25 fr. dans de certains cas. La Compagnie a d'ailleurs traité avec un entrepreneur qui s'est engagé à lui payer 25,000 *places par an, pendant cinq années*, aux prix réduits que nous venons d'indiquer.

Brême.

Voici, d'après la *Gazette d'Augsbourg*, du 20 août 1853, quelle a été l'émigration de Brême pendant une période de onze années, à partir de 1841, telle que le constatent les registres de la ville :

1841	9,505 émigrants.
1842	13,627
1843	9,910
1844	19,865
1845	31,849
1846	30,672
1847	33,687
1848	29,947
1849	28,629
1850	25,850
1851	37,439
1852	58,551

On voit, d'après ce tableau, que le nombre des émigrants, à partir de 1848, a été en diminuant jusqu'en 1850 et qu'il a augmenté en 1851 de 12,000, et de plus de 21,000 en 1852.

Voici, par pays de destination, le nombre des émigrants et celui des navires sur lesquels ils se sont embarqués, pendant l'année 1850 :

	Navires.	Nombre des émigrants.
New-York.	97	13,550
Baltimore	25	4,529
Nouvelle-Orléans	26	6,168
Galveston	8	809
Philadelphie	9	344
Charleston	3	162
San-Francisco	7	210
Greytown (Nicaragua)	2	95
Rio-Grande do Sul	2	20
Sainte-Marthe	1	5
Kingston (Jamaïque)	4	8
Port Adélaïde (Australie) . .	1	150
Total . .	182	25,850

En 1851, le nombre des passagers embarqués à Brême pour New-York a été de 19,742. Ce mouvement a été desservi par 135 navires dont 10 à vapeur.

11 paquebots à vapeur de New-York et 328 autres bâtiments ont été employés au transport des émigrants en 1852. Dans ce total de 339 navires, on en a compté 265 allemands, 74 étrangers.

L'émigration durant la même année s'est ainsi répartie, quant aux destinations :

New-York	29,676
Nouvelle-Orléans	13,116
Baltimore	10,077
Galveston	2,270
Québec	1,440
Philadelphie	1,028
Indianola (Texas)	718
Charleston	190
Rio de Janeiro	26
Autres ports	50
Total	58,551

Le mouvement de l'émigration a commencé à Brême vers 1827, et pendant les dix ou douze premières années, le nombre moyen d'émigrants qui s'y sont embarqués avait été de 7,000.

Brême est aujourd'hui le port d'embarquement le plus important pour les émigrants de l'Allemagne du Nord. C'est essentiellement à la modicité des prix de transport et aux sages et utiles mesures prises par l'autorité dans l'intérêt des émigrants que ce port doit sa brillante prospérité.

Le maximum du prix de transport, nourriture comprise, a été en 1851 de 34 thalers (136 francs) par personne pour Baltimore et New-York, de 31 thalers (124 fr.) pour la Nouvelle-Orléans, et de 30 thalers (120 fr.) pour Galveston.

Hambourg.

Nous n'avons sur le mouvement de l'émigration à Hambourg que des renseignements incomplets, car ce mouvement est généralement confondu avec celui de Brême dans les statistiques que nous avons sous les yeux.

Nous avons vu plus haut page 112 que, dans le mois d'avril 1853, dix-huit trois-mâts dont le plus faible jaugeait 450 tonneaux, sont partis de Hambourg avec 3,446 émigrants. Sur ces dix-huit bâtiments, treize étaient destinés pour New-York, deux pour Québec, un pour la Nouvelle-Orléans et un pour le Brésil.

11,978 émigrants s'étaient embarqués à Hambourg en 1851, indépendamment de 2 à 3,000 qui en sont partis pour suivre la voie de Liverpool.

On estime à plus de 120,000 le nombre des émigrants sortis de l'Allemagne en 1851.

A défaut de données plus positives, nous reproduisons l'extrait suivant d'une lettre écrite de Hambourg, en 1852 et qui a été reproduite par le *Moniteur :*

« Depuis quelque temps, à Hambourg et à Brême, on remarque une affluence d'émigrants qui viennent des différentes parties de l'Allemagne, surtout de la Thuringe, de la Poméranie et du Mecklembourg, pour passer dans les pays d'outre-mer. Toutes les auberges sont encombrées et l'on a peine à placer les arrivants. La plupart de ceux qui s'embarquent vont aux Etats-Unis ou au Brésil, où plusieurs colonies allemandes semblent prospérer aujourd'hui. On cite notamment celle de Dona-Francisca, fondée par une société hambourgeoise.

» . . . . Toutes les grandes lignes de navigation qui relient aujourd'hui Brême et Hambourg avec l'Australie, avec la Californie, les Antilles et les Etats-Unis, ont dû aux expéditions de colons leur création et leur développement ; et toutes ces entreprises ont si bien réussi qu'à chaque campagne nouvelle on les voit croître en importance et en nombre. . . . »

Anvers.

C'est le mouvement de l'émigration allemande qui contribue, surtout à donner aux affaires d'Anvers l'importance considérable que nous avons démontrée (1). Mais ce n'est en quelque sorte qu'à partir de 1850, que ce port a pu sérieusement compter parmi les ports d'embarquement. Aujourd'hui, tout en n'occupant encore qu'une place secondaire, on entrevoit déjà l'époque où Anvers rivalisera avec les principaux ports

(1) Voir pages 92 à 102.

d'embarquement, grâce à son active et intelligente population à qui l'initiative dans les grandes opérations commerciales ne fait jamais défaut.

Voici le nombre des émigrants qui sont arrivés à Anvers et celui des navires sur lesquels ils s'y sont embarqués, à partir de 1850 :

années	émigrants	navires
1850	7,016	»
1851	9,243	51
1852	11,428	68
1853	15,262	66

Le relevé du premier semestre de l'année courante comparé à celui de l'année dernière présente les résultats suivants :

	1854 émigrants	navires		1853 émigrants	navires
Janvier.	251	1	Janvier.	—	—
Février.	396	2	Février.	856	3
Mars.	3,940	17	Mars.	723	4
Avril.	3,022	17	Avril.	1,761	8
Mai.	3,085	13	Mai.	1,318	7
Juin.	3,199	13	Juin.	1,928	8
Total.	15,896	63	Total.	6,616	30

	émigrants	navires
Départs pendant les six premiers mois de 1854	15,896	63
— — 1853	6,616	33
Différ^ce en plus pendant le 1er semestre de 1854	9,280	30

Et comme le nombre total des émigrants a été en 1853 de 15,262, il se trouve donc que, dans le seul semestre de 1854, il est parti d'Anvers 634 émigrants de plus que pendant les douze mois de 1853.

Ports de destination.

Nous venons de voir le mouvement de l'émigration dans les ports d'embarquement d'Europe, nous allons examiner maintenant ce qui se passe dans les principaux ports de destination.

New-York.

En tête de ces ports figure New-York, l'opulente métropole de l'Union américaine, où, en un quart de siècle, il s'est accompli de si étonnants prodiges qu'on ne trouve rien de pareil dans l'histoire commerciale des temps anciens et modernes.

Qu'on juge de la progression des affaires à New-York par les résultats comparatifs suivants que nous aurions dû insérer dans l'article destiné aux Etats-Unis, si nous avions reçu ces renseignements à temps :

Exportations de New-York en 1853	850,979,540 fr.
— 1852	692,401,550
Différence en plus en 1853	158,577,990
Importations en 1853, ...	797,498,700
— 1852, —	578,932,700
Différence en plus en 1853	218,566,000

Et cependant, d'après les derniers avis reçus de New-York, l'on peut déjà compter pour 1854, sur une augmentation nouvelle.

C'est en grande partie aux immigrations que New-York doit cette prospérité matérielle qui excite l'admiration et l'envie de tous les peuples commerçants.

Un recueil publié à New-York, le *Hunt's Merchant's Magazine* (livraison d'Avril 1852, page 444), établit ainsi le nombre des émigrants débarqués dans ce port depuis 1790 :

Périodes		Proportion d'accroissement
1790-1810 (20 ans),	167,500	4.26 p. 0/0 en 20 ans.
1810-1820 (10 ans),	153,000	1.83 p. 0/0 en 10 ans.
1820-1830 (Id.).	259,707	2.48 p. 0/0 id.
1830-1840 (id.).	915,650	7.11 p. 0/0 id.
1840-1850 (id.).	1,727,992	10.13 p. 0/0 id.

Voici maintenant par année le nombre des émigrants qui ont débarqué à New-York, de 1842 à 1853 :

	Émigrants
1842	74,949
1843	56,502
1844	61,002
1845	82,960
1846	115,230
1847	166,110
1848	191,909
1849	221,739
1850	226,327
1851	289,601
1852	310,355
1853	209,428

Le total pour ces douze années est de 1,985,909 émigrants, soit près de deux millions.

Pour 1853, l'immigration se répartissait ainsi, quant à l'origine des émigrés :

Irlande	155,164
Allemagne	119,644
Ecosse	27,126
France	7,470
Suisse	4,604
Suède	1,650
Hollande	1,085
Espagne	659
Italie	555
Norwége	377
Portugal	257
Danemarck	94
Autres pays	2,802
	299,425

Enfin, le *New-York, Journal of Commerce*, constate qu'il est arrivé dans le port de New-York :

En 1851	69,883	émigrants allemands.
En 1852	118,126	— —
En 1853	119,644	— —

CALIFORNIE.

San-Francisco.

La Californie dont la population était insignifiante en 1848 (environ 20,000 âmes), et qui ne fait partie que depuis cette époque des Etats-Unis, comptait à la fin de 1852 au moins 300,000 habitants. La population étrangère était évaluée à 94,435, dont 4,360 femmes.

Les immigrants, qui sont arrivés pendant l'année 1852 en Californie des Etats de l'ouest de l'Union, à travers les plaines et les Montagnes Rocheuses, étaient au nombre de près de 50,000.

Quant aux immigrants qui se sont dirigés sur San-Francisco par voie de mer, en voici l'évaluation officielle :

Passagers arrivés du 15 Janvier 1852 au 31 Décembre de la même année, 64,150 dont 5,233 femmes.

La part de la Chine dans ce mouvement est de 20,062 passagers; du Chili, 2309; du Mexique, 2,623; de la France, 1,694 dont 115 femmes.

Au mois de juin 1853, on portait à 3,406 le nombre total des Français débarqués à San-Francisco, aux frais de l'entreprise de la Loterie des Lingots d'or, en y comprenant les 330, des deux sexes, amenés par le *Sacramento*, de Dunkerque.

Le nombre des immigrants arrivés pendant l'année 1853 ne s'est élevé qu'à environ 21,000 personnes.

Aujourd'hui, d'après les dernières nouvelles reçues, la population de la Californie est près d'atteindre le chiffre de 350,000 habitants, dont 215,000 Américains des États du Nord; 28,000 Français; 22,000 Indiens indigènes; 20,000 Allemands et autres européens; 25,000 Chinois; 11,000 Californiens de naissance; 7,000 Mexicains; 5,000 Péruviens, Chiliens; 2,600 Noirs, Malais, etc.

AUSTRALIE.

Sydney.

Sydney est la capitale de la Nouvelle-Galles du sud, qui est la portion la plus étendue, la plus peuplée, la plus riche de l'Australie (1).

Le Port-Jackson est le port de Sydney dont il est distant de trois lieues sur la côte sud.

Le hâvre auquel on a donné le nom de Port-Jackson est un des plus beaux bassins naturels qu'il y ait dans le monde. Il est formé à l'embouchure de la Paramatta et s'avance jusqu'à environ 15 milles dans les terres; ses bords sont découpés par un grand nombre d'anses et de criques. L'ancrage est excellent partout, et les

(1) Les îles de l'Océan-Pacifique et de l'Archipel-Indien au S. E. de l'Asie, y compris le continent austral ou Nouvelle-Hollande, sont désignées sous le nom d'*Océanie*. L'Océanie occidentale, archipel Indien, a reçu la dénomination de *Malaisie*; l'Océanie-centrale, celle d'*Australie*, et l'Océanie-orientale celle de *Polynésie*.

navires, sont à l'abri de tous les vents. L'entrée de ce beau hâvre se trouve entre deux hautes falaises, distantes l'une de l'autre de moins de 2 milles.

D'après un document officiel publié par le gouvernement colonial, à Sydney, en l'année 1852, le nombre total des immigrants qui étaient arrivés dans la Nouvelle-Galles du sud, de 1832 à 1851, c'est-à-dire en 20 ans, s'est élevé à 85,179 dont 32,582 hommes, 31,006 femmes et 21,591 enfants au-dessous de 14 ans.

En 1851, le nombre des immigrants arrivés a été de 2,602.

Sur les 85,179 immigrants arrivés de 1832 à 1851, on en comptait 64,807 qui étaient venus aux frais du *Board of emigration* (Comité d'émigration); 20,372 seulement étaient arrivés à leurs frais.

L'immigration a, depuis cette époque, fait d'immenses progrès dans la Nouvelle-Galles du sud, ainsi qu'on peut en juger par l'extrait suivant d'une lettre écrite de Sydney à la date du 25 mai 1853, lettre qui a été reproduite par le *Moniteur :*

« . . . . . Les besoins de la population Australienne se sont considérablement accrus par l'adjonction de plus de **100,000** émigrants de divers pays, introduits dans la colonie de Sydney *depuis un an*. »

Melbourne.

Melbourne (Port-Philip), capitale de la province de Victoria et le principal marché de l'Australie, comptait en Mars 1846, 10,954 habitants; 22,100 au recensement de 1851 ; et 40,000 au mois d'Octobre 1852.

A cette dernière époque, les navires arrivés tant des colonies adjacentes que de Liverpool, Southampton, Glasgow, Hambourg, San-Francisco, etc., y amenaient, *chaque semaine*, dans Hobson's Bay, 4,000 émigrants en moyenne, voyageant pour la plupart à leurs frais, et qui, à défaut d'habitations suffisantes, campaient sur la plage et souvent au milieu de la boue.

« En Mars 1846, dit le *Moniteur belge* du 5 Avril 1853, la population de la province de Victoria était de 32,879 habitants, et en Mars 1851, elle s'élevait à 77,345. La découverte de l'or y a fait affluer des émigrants ; et en 1853, on évaluait la population à 190,000 ou 200,000 habitants. L'immigration des quatre derniers mois de 1852 s'est élevée à 55,941 individus, et les départs dans le même espace de temps n'en ont enlevé que 14,726. On suppose que, à la fin de 1853, la population s'élèvera à 390,000 ou 400,000 âmes. »

Adélaïde.

Adélaïde est la capitale de la province du même nom.

La province d'Adélaïde est plus agricole et plus calme que la province de Victoria. L'accroissement dans le nombre des émigrants a été considérable ; mais les documents officiels ne donnent pas le chiffre de cet accroissement.

On peut se faire une idée des progrès qu'a faits cette colonie par l'augmentation de 5 millions de fr. que les revenus publics ont offerts du 1er Juillet 1852 au 30 Juin 1853 sur ceux de l'exercice précédent (1).

Nous ajouterions bien encore ici quelques renseignements sur les ports de destination du Brésil, des possessions anglaises de l'Amérique du Nord, du Cap de Bonne-Espérance, du Pérou, de la Bolivie, de la Plata, de l'Uruguay, du Paraguay, du Mexique, où les mesures les plus intelligentes ont été prises récemment pour favoriser l'immigration ; mais cela nous ferait dépasser les limites que nous devons nous poser, et nous avons hâte de clore ce chapitre du mouvement de l'émigration en revenant à l'Algérie.

---

(1) Voir pour plus de renseignements sur l'immigration en Australie, les articles : *Liverpool, Londres, Southampton*, pages 114 à 117.

Ports de l'Algérie.

Depuis bientôt un quart de siècle, nous possédons, pour ainsi dire, aux portes de la France, à 48 heures de distance, une Californie, une Australie, et jusqu'ici qu'y avons-nous vu : Des milliers, des centaines de milliers d'immigrants aborder sans doute aux fertiles rives de cette antique Numidie, qui alimentait naguère l'une des plus grandes parties du monde connu (1)? Sans doute qu'après un quart de siècle de possession l'Allemagne et l'Irlande, qui fournissent annuellement, depuis ces dix dernières années surtout, un contingent si considérable à l'immigration sur tous les points du globe, choisissent de préférence cette belle terre d'Afrique, qui voit mûrir sous son splendide et bienfaisant soleil les productions des deux hémisphères?

Hélas! non, et pendant que la Californie, qui, en 1849, était à peine connue des navigateurs eux-mêmes; que la Nouvelle-Galles du Sud, que les provinces de Victoria et d'Adélaïde; que l'Australie, en un mot, ne l'était guère davantage, ont, après quatre à cinq années à peine, attiré dans leur sein une masse prodigieuse d'immigrants, nous en sommes, nous, en France, à nous glorifier de quelques centaines de colons suisses établis, *depuis l'année dernière*, dans la province d'Oran (1), sur les 10 à 12,000 émigrants des cantons de Vaud, Fribourg, Bâle, Soleure, etc., qui se sont embarqués pendant ces deux dernières années, dans le seul port du Havre, pour les lointains et périlleux rivages, pour les contrées transatlantiques.

Le Gouvernement s'acquitte, de son côté, noblement, généreusement de sa grande tâche; mais partout ailleurs, il y a eu et il y a encore manque de véritable, de sérieuse initiative, si ce n'est toutefois chez quelques persévérants et intelligents producteurs en Algérie, et

(1) Voir pages 34 et 35.
(2) Voir pages 38 et 39.

dans les départements de la Haute-Saône et des Côtes-du-Nord, où quelques hommes font les plus louables efforts et prêchent d'exemple pour propager dans le monde émigrant et commerçant la connaissance des admirables ressources que présente l'Algérie, qui, seule, pourra nous consoler un jour de la perte de cette riche colonie de St-Domingue et de nos anciennes possessions dans l'Inde et en Afrique.

Tout en donnant à cette subdivision de chapitre le titre: *Ports de l'Algérie,* nous ne trouvons pas absolument nécessaire de rappeler ici les avantages que ces ports de destination offrent aux immigrants, car cela nous entraînerait trop loin; nous suppléons d'ailleurs largement à cette lacune en reproduisant ci-après une lettre adressée, au mois de juin dernier, d'Alger, à M. Hippolyte Peut, dont il est plusieurs fois question dans le cours de cet ouvrage. Cette lettre, qui devrait être connue dans chacune de nos quarante mille communes, dans toute l'Allemagne, dans toute l'Irlande, est insérée dans la dernière livraison (Juillet 1854) des *Annales de la Colonisation Algérienne.* En voici le texte avec préambule :

L'Algérie manque de bras : appel aux travailleurs.

« Il n'est pas une livraison des *Annales de la Colonisation* dans laquelle nous n'ayons sujet de signaler les progrès que réalise incessamment l'Algérie ; rien néanmoins ne constate plus énergiquement ces progrès que l'extrait suivant d'une lettre qui vient de nous être adressée, à la date du 19 Juin dernier.

» Nous recommandons cette lettre à toute la presse de France.

« Le fait capital du moment, nous écrit-on d'Alger, *et nous savons qu'il en est de même dans les trois provinces,* le fait capital du moment, est le *manque de bras.*

» Toujours, en toute saison, le nombre de bras est insuffisant par rapport au travail entrepris ou à entreprendre.

» Toujours, à l'époque des récoltes, la pénurie des bras s'est fait plus sentir.

» *Le manque actuel de bras* n'est donc que l'exagération, l'amplification à la suprême puissance d'un fait normal

» Diverses causes ont concouru à cette situation :

» L'*augmentation considérable des cultures;* à la suite du déficit de la dernière récolte de la France, les colons et les indigènes, encouragés par les hauts prix auxquels ils ont vendu leurs céréales, ont donné à ces cultures la plus grande extension, et l'on peut affirmer en toute certitude que la surface actuellement couverte de céréales ou autres produits alimentaires, excédera d'un quart au moins la surface des années ordinaires. A fécondité égale, par suite de cet accroissement de culture, il faudrait déjà un quart de bras en sus.

» L'*extrême abondance de la récolte;* elle est telle que, de mémoire de colon et d'Arabe, elle n'a jamais été plus considérable ; cette extrême abondance, qu'on ne peut estimer à moins d'un quart en sus sur les années ordinaires, venant s'ajouter à un accroissement d'un quart dans les cultures, exige une moitié de bras en plus.

» L'*anomalie de la saison;* depuis six semaines, ce qui ne s'était pas vu même en hiver, il ne s'est pas écoulé quarante-huit heures sans pluies. Par suite de ces pluies : D'une part, les récoltes en foins, orges, blés, fèves, seigles, tabac même, viennent à maturité et exige en même temps une masse énorme de bras ; d'autre part, les pluies, atteignant les récoltes abattues, rendent nécessaires une main-d'œuvre double, ce qui aggrave encore la situation.

» Et, pour couronner le tout, viennent des *causes politiques* toutes momentanées mais qui diminuent les bras dans une proportion considérable.

» Les *départs pour l'armée d'Orient;* nombreux dans cette classe de gens, qui, après avoir gagné de l'argent à la suite des colonnes, s'étaient ensuite faits colons ; sans être d'une bien grande utilité pour les travaux agricoles, ces gens-là donnaient au moins un coup de main dans les moments de presse. Leur départ laisse un vide ;

» Les *levées faites pour l'armée ;* ces levées ont fait entrer sous les drapeaux un nombre considérable de fils de colons, tombés au sort depuis plusieurs années, mais qui jusque-là, par une faveur bien entendue, avaient obtenu des congés successifs pour assister leurs parents dans leurs travaux. Il n'y a pas de ville, de village, de hameau et presque de ferme qui ne compte des pertes de cette nature au profit du recrutement de l'armée. Pour l'Algérie, c'est une levée de cinq années qu'elle vient de subir.

» Les *remplacements militaires ;* ces remplacements, atteignant le chiffre élevé de 3,000 fr., ont engagé beaucoup de jeunes gens à se faire soldats.

» Voilà pour les Européens.

» Les mêmes circonstances ont produit des résultats analogues pour les travailleurs.

» La *reconstitution des trois nouveaux bataillons de travailleurs indigènes*, par suite du départ des anciens bataillons pour l'Orient, et cette reconstitution pesant uniquement sur la classe des nécessiteux, qui louent leurs bras à l'année, au mois, au jour, il en résulte pour chaque province, à raison de 600 hommes pour chaque bataillon, la perte de 600 paires de bras, jeunes, actifs et à bon marché.

» Ajoutez à cela :

» *Quelques détails de recrutement*, qui, mal interprétés par les Indigènes, ont donné lieu de croire dans le pays qu'on prenait de force les hommes qui quittaient leurs tribus, d'où il résulte que la crainte d'être fait soldat, malgré lui, a retenu plus d'un Indigène des montagnes loin du travail de la plaine ;

» l'*Expédition de la Kabylie*, qui, venant tout-à-coup nous priver des bras de toute la Kabylie de l'est, a mis le comble à la disette ;

» Enfin, le ***Ramadan***, c'est-à-dire le jeûne le plus sévère connu, qui coïncide fatalement avec la saison des travaux et le manque de bras ;

» Et vous aurez une idée des angoisses dans lesquelles nous sommes.

» On ne voit sur les routes que des gens qui cherchent des ouvriers.

» Sur tous les marchés les travailleurs se mettent aux enchères.

» A l'arrivée de chaque bateau, les colons envahissent le navire pour retenir les bras et ne trouvent rien.

» Bien des cultivateurs perdront leur récolte faute de bras pour la ramasser.

» C'est la désolation de la désolation.

» Des enfants de treize ans demandent 2 fr. par jour et nourris.

» Des gamins qui ne savent pas distinguer leur main droite de leur main gauche, veulent 3 francs.

» Les hommes faits, qu'ils soient travailleurs ou non, exigent 5 et 6 francs, plus la nourriture.

» Il n'y a pas jusqu'aux Arabes et aux Kabyles les plus brutes dont les prétentions ne soient aussi élevées.

» Et en France, il y a dans nos villages de bons et rudes travailleurs qui ne gagnent pas 20 sous !

» Et en France il y a des gens qui souffrent la faim quand nous avons ici des blés que nous ne pouvons récolter faute de bras.

» Dites bien haut à tous ces braves gens qu'il y a ici du travail, du travail facile et bien payé.

» Dites-leur qu'ils seront accueillis comme des libérateurs. Qu'ils viennent ; nous leur tendons les bras.

» Dites ceci à la France entière qui ne se doute pas encore assez de ce que l'Algérie peut devenir pour elle.

» Je suis ici depuis quelques jours, cherchant des ouvriers, les suppliant et ne pouvant en trouver qu'à des conditions qui seraient ruineuses, si l'abondance et la beauté de la récolte ne m'imposaient l'obligation d'en arrêter à tout prix.

» Puisse cet appel être entendu !

» H. P. »

RÉSUMÉ

Avant de conclure, résumons brièvement les considérations principales que nous venons de développer.

Nous rappelant ce que nous disait, il y a peu de temps, l'un des principaux armateurs que nous ayons en France, et qui naquit aux Etats-Unis : *Des chiffres, des faits, des documents officiels, et non des phrases*, en répondant à l'intention que nous lui avions exprimée de publier ce travail, nous avons suivi ce conseil en tout et partout. Aussi, dans tout ce qui précède, rien de conjectural, rien d'hypothétique, tout cela est éloquent comme un *chiffre*, tout cela est brutal comme un *fait ;* sans compter que nous n'avons eu d'autres guides dans nos statistiques que des *documents officiels*, et, à défaut, des renseignements les plus dignes de foi ; renseignements que nous avons, d'ailleurs, discutés souvent, contrôlés toujours avec un scrupule qui a pu paraître et qui a paru, en effet, exagéré.

Tant nous avons tenu à cœur de porter dans tous les esprits, non pas une de ces demi clartés, une de ces convictions faibles, chancelantes que renverse le moindre souffle ou le moindre choc, mais une de ces convictions profondes, inébranlables, qui font disparaître tous les obstacles, et qui assurent le triomphe de la cause publique en arrachant cet aveu aux plus incrédules Thomas eux-mêmes : Je crois, et cela sera parce que cela doit être.

Nous nous sommes en conséquence attaché surtout à rendre aussi claires que possible les démonstrations et solutions de questions suivantes :

I. — Si le commerce maritime est resté en France dans un regrettable état d'infériorité relative, c'est à la trop grande pénurie pour ne pas dire à l'absence de maisons de commerce de premier ordre qu'il faut l'attribuer (pages 26 à 28). — Pénurie ou absence qui s'explique parce que l'on a trop méconnu la toute-puissance de l'association basée sur la loyauté non moins que sur l'intelligence.

II. — Si la pénurie ou l'absence que nous signalons n'était pas réelle, comment s'expliquerait-on cet immense mouvement d'immigration en Californie puis en Australie dont le signal a été donné en Angleterre et en Allemagne, à partir de 1849 (pages 125 et 128), tandis que non seulement personne n'a même essayé jusqu'ici en France de détourner une partie de ce courant d'émigrants vers l'Algérie, mais qu'on a vu s'organiser sur le sol même et avec l'argent de la France cette singulière entreprise de la Loterie des lingots d'or pour transporter plusieurs milliers d'émigrants français en Californie.

Et cependant, quoique livrée à ses seules ressources, l'Algérie en est venue aujourd'hui à occuper le *sixième rang* dans le commerce général de la France et ses exportations ont, en 1853, dépassé de plus de 9 millions celles de 1852 (page 37).

III. — Le Gouvernement, dans sa haute et généreuse sollicitude pour les intérêts généraux, ne perd certes pas de vue, lui, les intérêts algériens; il ne reste pas impassible non plus devant le prodigieux mouvement commercial et maritime des États-Unis; mais il n'en est pas de même des particuliers qui manquent généralement nous ne dirons pas de génie commercial mais d'initiative, tandis que l'Angleterre, la Belgique, les Villes Anséatiques, l'Italie même, dans ses ports de Trieste, de Gênes et de Venise, rivalisent pour étendre leurs relations avec l'Amérique du Nord surtout, qui, de son côté, ne cesse de saisir toutes les occasions d'augmenter ses communications à vapeur entre New-York et l'Europe (pages 51 à 54).

IV. — Entre toutes les anomalies qu'offre l'histoire

commerciale de la France, celle-là n'est pas la moins frappante de voir le port de Dunkerque qui, au XVIIe siècle principalement, fixa l'attention de toute l'Europe, de la diplomatie et des armes comme du commerce et de la navigation; qui fut le port de prédilection de Louis XIV, de Colbert et de Vauban, puis encore de Louvois, de Pontchartrain et de Seignelay (pages 81 à 83); de voir, disons-nous, le port de Dunkerque aussi regrettablement délaissé durant ce dernier demi-siècle (1), tout en étant le port naturel des départements les plus populeux et les plus industriels de France (2).

(1) Dans le chapitre consacré au Commerce de Dunkerque (pages 61 à 80), nous avons bien constaté qu'il y avait progrès dans ce commerce; mais qu'est-ce que ce progrès en présence de ce qui s'est accompli près de nous, à l'entour de nous, au Havre, à Liverpool, dans tous les ports de la Grande-Bretagne (*), à Anvers, à Amsterdam, à Rotterdam, dans les ports Anséates, en Suède, en Norwége? Qu'on examine, d'ailleurs, attentivement les tableaux de l'Inscription maritime que nous donnons pages 75 à 79, et l'on fera plus d'une triste réflexion sur l'état stationnaire et même rétrograde depuis 1842 à 1851 des armements effectués au port de Dunkerque, et affectés tant au long-cours, qu'au grand et au petit cabotage; sans compter que l'augmentation dans le personnel des équipages, alors que le tonnage subit une dépréciation, fournit encore un argument contre la cherté relative de notre navigation.

(2) La population de ces départements est ainsi fixée dans les derniers tableaux de recensement :

	Habitants
Nord.	1,158,285
Pas-de-Calais	662,994
Somme	570,641
Aisne	585,989
Ardennes	334,296
Bas-Rhin	587,434
Haut-Rhin	494,747
Total	4,394,386

Ou l'équivalent de la population de toute la Belgique qui est de 4,335,319 hab.

(*) Le Moniteur du 15 Mai dernier contient un article plein d'intérêt sur la prospérité industrielle et commerciale de l'Angleterre, que constatent, malgré le conflit soulevé par les affaires d'Orient, les relevés du commerce extérieur du Royaume-Uni, pendant les trois premiers mois de 1854. Nous lisons dans cet article :

« L'Angleterre trouve dans le développement de ses débouchés coloniaux et transatlantiques une précieuse compensation à l'interruption momentanée de son commerce avec le Levant et la Russie, et à l'inévitable malaise du marché continental. Jamais ses colonies n'ont été plus florissantes. En les passant toutes en revue, on trouverait à peine une exception. Le Canada, si long-temps pour la métropole une source d'embarras et de dépenses stériles, devient un centre d'échanges fructueux...... »

Pendant ce temps, grâce à leurs relations avec l'Amérique du Nord, relations qui avaient cessé pour Dunkerque depuis la guerre de l'Indépendance, on a vu Liverpool, sorti du néant (1), devenir le second port du monde, et le Havre ne prendre son essor qu'à partir de 1814 (2), pour disputer à Marseille, moins de vingt années après, l'honneur d'être le premier port de commerce français.

V. — Après ce que nous avons dit sur le port de Dunkerque, ou plutôt après la remarquable lettre que nous avons reçue d'un capitaine de navire qui a traité cette question *ex professo* (pages 58 à 60), il est incontestable que les cotonniers américains qui entrent dans les ports du Havre, d'Anvers et de Liverpool peuvent entrer avec la même facilité dans le port de Dunkerque.

Cela est de la dernière évidence lorsqu'on se reporte à ce que nous avons dit des navires américains et anglais affectés à la navigation des Etats-Unis avec l'Angleterre et enfin des navires américains affectés à la navigation avec la France. Le tonnage moyen de ces derniers navires a été pendant la période de 1848 à 1851 de 497 à 543 tonneaux (page 94).

Or, nous avons des navires appartenant au port de Dunkerque qui portent en marchandises jusqu'à plus de 800 tonneaux, comme le *Louis XIV*, armateur M. Collet-Taverne, et plus de 850 tonneaux comme le

(1) Voici les progrès que la population de Liverpool a faits depuis le commencement du XVIIIe siècle :

Epoques	Habitants	Epoques	Habitants
1700	5,714	1801	77,653
1720	10,446	1812	94,376
1730	12,000	1821	118,972
1740	18,000	1831	165,221
1760	25,787	1840	211,000
1770	35,732	1851	286,487

(2) La population du Havre se composait à peine de 15,000 âmes en 1814 ; en 1835, elle avait atteint le chiffre de 24,000 ; en 1839, celui de 28,000 ; enfin, aujourd'hui, en y comprenant les sections de Graville et d'Ingouville, cette population n'est pas moins de 65,000 hab.

navire neuf *Napoléon III*, armateur M. Beck. Le premier de ces navires est entré le 20 Juin 1853 avec un chargement de graine, ayant un tirant d'eau de 5 m. 50 ; d'autres navires entrés dans le courant de la même année tels que : *William Madown*, chargé de blé ; *Constenza ed Ston*, et *Ondememing*, également chargés de blé ; *Sta-Philomena*, chargé de souffre ; *Ernest*, chargé de sel, etc., tiraient 5 m. 33 à 5 m. 60 et 5 m. 80 (1).

VI. — S'il nous a été facile de faire bonne justice des objections élevées contre le port de Dunkerque, nous avons de même pu réduire à néant les objections faites sur la difficulté qu'il y aurait de procurer à Dunkerque un fret de retour aux cotonniers américains, puisque nous avons vu, d'après le *Courrier du Havre* lui-même, que les navires américains qui vont au Havre retournent aux Etats-Unis *ou sur lest, ou avec très-peu de charge* (page 90). Il ne peut d'ailleurs en être autrement par la très-simple raison que nous avons donnée en reproduisant le tableau des marchandises dont se composent les 200 millions environ que la France exporte aux Etats-Unis ; marchandises qui sont généralement de grande valeur mais non d'encombrement (pages 89 et 90).

Nous aurions pu ajouter que les navires brêmois, qui font la navigation avec New-York, la Nouvelle-Orléans, Baltimore et Galveston, *partent*, eux aussi, *ordinairement sur lest*.

VII. — Nous avons donné encore cette raison péremptoire à ceux de nos contradicteurs qui nous objectaient qu'en Angleterre il n'existait, de même qu'en France, qu'un seul marché de cotons :

L'Angleterre ne possède, en effet, que le seul marché de Liverpool ; mais il y a là du moins une conséquence

(1) Voir à la suite du *Résumé* et de la *Conclusion* le tableau des navires du plus fort tonnage, entrés au port de Dunkerque, du 1er Janvier 1853 au 30 Juin 1854.

logique, en ce que ce port se trouvant à proximité des manufactures qui, toutes, sont concentrées dans le comté de Lancastre, nul autre port anglais ne saurait sérieusement prétendre à partager avec Liverpool les avantages qu'il tient tout naturellement de sa position topographique.

Mais en France, que voyons-nous? Des filatures disséminées sur divers points, à une distance considérable les uns des autres, tels que les départements septentrionaux, ceux du Bas et du Haut-Rhin, de la Seine-Inférieure, de l'Eure, de la Manche, des Vosges, de la Haute-Saône, du Doubs; tels que Paris, Lyon, Tarare, Nîmes, Montpellier, Troye, Nancy, etc. (p. 87 et 108).

Donc, pas de comparaison à établir, sous ce rapport, entre ce qui existe en Angleterre et ce qui existe en France.

VIII. — S'il est surtout un sujet digne d'attirer l'attention du monde commerçant, c'est ce qui se passe dans un port voisin de Dunkerque, à Anvers, où les relations transatlantiques ont pris un développement inouï depuis ces trois dernières années principalement (pages 100 à 102).

Telle est, d'ailleurs, la progression des émigrants qui affluent à Anvers, que, pendant le premier semestre qui vient de s'écouler (pages 122-123), il en est arrivé près de 16,000, c'est-à-dire un plus grand nombre que ceux qui s'y sont embarqués pendant les douze mois de l'année dernière.

A Anvers, arrivent et se fixent même des spéculateurs de tous les points de l'Europe et le moment est venu d'agrandir l'enceinte de l'opulente cité belge qui suit à tel point les traces de Liverpool et du Havre, que sa population a augmenté en trente-neuf années de près de *quarante mille* âmes (page 102).

IX. — Si Anvers obtient de pareils et de si rapides succès, que n'a point à attendre, dans un avenir prochain, le port de Dunkerque qui était encore à la fin du dernier siècle l'un des premiers ports et le principal entrepôt des produits du Nord de l'Europe (page 83)?

Nous avons vu au chapitre : *Importations de coton et filatures*, d'après une lettre que nous avons eu l'honneur de recevoir de M. Besson, Préfet du Nord, que, sur 3 millions 500,000 broches et 600,000 ouvriers employés en France à l'industrie cotonnière, *les filatures du seul arrondissement de Lille emploient* **un quart** *de la totalité des broches et* **un septième** *de la totalité des ouvriers* (pages 106 à 108).

Que l'on ajoute aux filatures de l'arrondissement de Lille, celles de Cambrai, Douai, St-Quentin, Amiens ainsi que les filatures de l'Alsace (page 108), et tout commerçant intelligent reste frappé de voir ainsi déshérité un port qui devrait d'autant plus alimenter ces filatures de leur matière première, que Dunkerque avait des relations suivies avec l'Amérique du Nord à l'époque où les noms de Liverpool et du Havre y étaient à peine connus (page 86).

Nous avons encore vu par la lettre de M. Besson et par la lettre d'adhésion que nous avons reçue de l'honorable Président du Comité des Filateurs du rayon de Lille, M. De Grimonpont-Vernier (pages 17 et 18), que, ainsi que nous l'avions affirmé, *le rayon industriel de Lille est, en effet, le centre le plus important de la filature de Géorgie longue-soie en France*, et il nous a été facile de démontrer que le port de Dunkerque devait naturellement, de toute nécessité, devenir le principal entrepôt des cotons de l'Algérie, puisque le Géorgie longue-soie y est essentiellement l'une de ses deux variétés de coton qui y réussit le mieux (pages 18 et 19 en note, et page 36).

X. — Dans la revue que nous avons faite des principaux ports d'embarquement et de destination, nous avons fait ressortir les immenses proportions que prend chaque année l'émigration vers les pays transatlantiques et spécialement vers les Etats-Unis.

Nous avons encore fait remarquer avec notre collaborateur M. L. Conailhac, que Dunkerque est située de telle sorte que les émigrants de l'Allemagne, qui se rendent au Havre, arrivent en grande partie à Lille, *c'est-à-dire à une distance de deux heures de Dunkerque,* et que ces mêmes émigrants sont obligés de faire un détour de cent vingt lieues, pour se rendre au Havre, leur port d'embarquement (pages 88 et 89).

Et quant aux émigrants qui de l'Allemagne vont s'embarquer en Angleterre pour les Etats-Unis, *ces émigrants passent devant le port de Dunkerque.*

Or, telle est l'importance de ce dernier mouvement qu'à la reprise de la navigation, au 1er avril 1853, sur 2,032 émigrants embarqués dans le seul port de Hambourg, 993 sont partis pour New-York par la voie indirecte d'Angleterre. En 1851, 2 à 3,000 émigrants étaient partis du même port pour suivre la voie de Liverpool (pages 112, 121 et 122).

XI. — Enfin, au jugement du commerce havrais lui-même, Dunkerque possède dans ses nombreux canaux ; dans l'excellence de son port ; dans ses vastes bassins, dont la superficie équivaut au tiers de la superficie des 25 bassins de Liverpool, qui est de 150,000 mètres carrés (page 60) ; dans sa voie ferrée, *le plus important chemin de fer du continent lui servant en quelque sorte de prolonge ;* dans sa magnifique position topographique enfin, d'incomparables éléments de prospérité.

« AVEC DE TELS ÉLÉMENTS, a dit le *Courrier du Havre,*
» DUNKERQUE PEUT SE POSER EN CONCURRENT DE N'IMPORTE
» QUEL PORT DU NORD ET DE L'OUEST DE LA FRANCE... »

CONCLUSION.

Le port de Dunkerque est l'artère commerciale du Nord de la France ; seul port français situé sur la mer du Nord et le seul important sur la Manche, à une égale distance de la Baltique et de la Méditerranée, près des côtes de la Hollande, à huit kilomètres des frontières belges, en face de la Tamise, à l'entrée du Pas-de-Calais, — passage nécessaire aux navires qui se rendent de l'Océan dans la mer du Nord ou de la mer du Nord dans l'Océan, — le port de Dunkerque peut et doit, par cela même, prétendre à de hautes destinées, en reprenant le rang glorieux qu'il a déjà occupé dans le monde commercial.

Nous avons, d'ailleurs, pour garant de l'avenir une promesse dont le souvenir est resté profondément gravé dans le cœur des Dunkerquois ; c'est la promesse que M. Besson, préfet du Nord, a donnée dans une circonstance solennelle : « *Ainsi que l'Empereur, son oncle,* » *le Prince Louis-Napoléon tiendra à honneur,* » *soyez-en assurés, de protéger la fortune commer-* » *ciale de Dunkerque, notre sentinelle sur la mer du* » *Nord* (1)..... »

Le temps des expiations et des ruines est passé ; l'horizon est rasséréné, le temps de la réédification commence.

A proximité de l'un des districts manufacturiers les plus importants de l'Europe, le port de Dunkerque doit devenir surtout un marché de cotons de diverses sortes et provenances, et spécialement de l'Algérie, de l'Egypte et des Etats-Unis, pour alimenter les filatures de nos départements septentrionaux et de l'Alsace, de même que Liverpool alimente les filatures du Lancashire.

(1) Première page de l'*Introduction.*

L'Algérie devant trouver dans le rayon de Lille le principal débouché de ses cotons, Dunkerque doit naturellement devenir le principal entrepôt de ces cotons, et par là contribuer essentiellement à la prospérité de nos possessions dans le Nord de l'Afrique par des échanges de leurs produits avec les produits du Nord de la France.

Le port de Dunkerque, par son admirable position, doit devenir l'un des ports d'embarquement de cette masse toujours grossissante d'émigrants qui, de l'Allemagne, se rendent aux Etats-Unis ou sur tout autre point du globe, soit en passant par Lille, pour aller prendre la voie du Havre, en faisant un détour de 120 lieues ; soit en passant devant le port de Dunkerque pour aller prendre la voie de Liverpool ou autres ports anglais.

En devenant port d'embarquement, le port de Dunkerque devra contribuer encore, par tous les moyens à sa disposition, à augmenter dans de vastes proportions l'immigration en Algérie ; car là est l'avenir, là est la fortune de la marine et du commerce de la France.

Enfin c'est en élargissant la sphère de nos exportations, qu'on parviendra à faire du commerce habile et lucratif; car de l'intelligente extension des rapports avec l'étranger, découle une source intarissable de bienfaits pour toutes les branches de l'industrie nationale.

Naguère, alors que les tables du *Board of trade* accusaient en Angleterre ; *Importations :* 1 milliard 630 millions ; — *Exportations :* 2 milliards 845 millions ! la France, elle, recevait plus de denrées exotiques qu'elle n'écoulait de ses produits !

C'est ainsi qu'en 1847, tandis que les importations s'élevaient à 1 milliard 200 millions, les exportations n'atteignaient que le chiffre de 1 milliard 50 millions !

Les temps sont heureusement changés, et si les importations ont suivi un mouvement ascensionnel, pendant la période de 1849 à 1852 (1), dans la proportion suivante en *valeurs réelles* :

En 1849	de 313	millions	ou 44.2	pour cent.
1850	412	—	58.2	—
1851	586	—	54.5	—
1852	684	—	96.0	—

Nous voyons du moins que, pendant la même période, les exportations ont également progressé dans la proportion la plus satisfaisante, soit :

En 1849	de 355	millions	ou 55.5	pour cent.
1850	498	—	55.1	—
1851	583	—	62.5	—
1852	745	—	79.0	—

Mais, pour faire mouvoir les mille rouages d'une opération qui renferme dans son cercle tant et de si immenses intérêts, intérêts qui sont clairement définis dans l'article 2 des statuts de la *Compagnie commerciale de Dunkerque* (2), ce n'est ni un homme ni une maison quelconque qui puisse espérer de réaliser jamais cette œuvre de fécondation salutaire au double point de vue local et national, c'est une association forte et puissante, qui étende ses ramifications dans tout un pays ; c'est une Compagnie qui, dès son début, se montre au monde commercial assise sur des bases larges, solides, inébranlables, afin de prime-abord commander l'estime et conquérir le crédit.

Cette conviction a été, dès le principe, la nôtre ; elle a été d'autant plus profonde qu'elle a été plus réfléchie ; cette conviction a été, elle est toujours celle de nos collaborateurs, qui, pas plus que nous, ne se sont fait illusion sur les difficultés, sur les entraves sans nombre que nous devions nécessairement rencontrer avant d'aboutir dans nos travaux préliminaires d'organisation.

Mais aujourd'hui que, de concert avec nos collabo-

(1) Le temps nous presse, c'est pourquoi nous ne donnons pas le résultat de l'exercice de 1853 que nous n'avons pas sous la main ; mais on sait que cet exercice accuse un nouveau progrès.

(2) Voir pages 55 et 56.

rateurs, nous avons été assez heureux d'être honorés des plus encourageantes, des plus puissantes sympathies qu'on puisse ambitionner, la moitié de la voie est parcourue, les plus sérieux obstacles ont disparu, et, grâce à une persévérance que rien ne rebute, que rien n'effraie, le moment approche où l'espoir va faire place à la réalité.

Il nous revient au moment d'achever ce travail qu'à Stettin (1), qui est le port naturel non seulement de Francfort, de Breslau et d'autres villes sur l'Oder, mais encore de Berlin, il s'organise une compagnie considérable, semblable à celle du Lloyd autrichien.

Ce sera pour nos départements septentrionaux et l'Alsace qui sont solidaires de l'œuvre de la *Compagnie Commerciale de Dunkerque*, un puissant motif d'émulation.

Quant à Dunkerque, l'intelligente population de cette ville répondra tout entière à l'appel qui lui sera fait en temps opportun, car elle se rappellera les merveilles qu'ont accomplies les associations créées de nos jours, telles que : Le *Lloyd autrichien*, qui fut fondé à Trieste en 1833 (2); la *Compagnie Impériale d'Autriche pour la navigation à vapeur sur le Danube*, à Vienne, qui, dès 1848, vit son capital *centuplé* après vingt années d'existence (3); et cette célèbre société qui, fondée à Anvers en 1824, sous le nom : *Handel-Maatschappy* (*Société de Commerce*), a fait de Java la colonie la plus riche et la plus productive du monde, et a complètement régénéré la marine marchande de la Néerlande.

Nous ne passerons pas en revue les compagnies commerciales qui se sont formées dans les divers ports de l'Europe et des deux Amériques; mais qui ne sait que là où le commerce et l'industrie sont florissants,

(1) La population de Stettin est la même que celle de Dunkerque.
(2) Voir la note de la page 27.
(3) — page 97.

on peut conclure à coup sûr, que cette action bienfaisante est due à l'association.

Si maintenant l'on nous contestait l'opportunité de cette publication, — nous terminons, en effet, cet ouvrage à l'heure même où la rade de Calais présente un spectacle inouï dans nos annales, celui de vaisseaux anglais sur lesquels s'embarquent nos valeureux soldats, qui partent pour la Baltique, tout exaltés du souvenir des fières et patriotiques exhortations de l'Empereur ; — si l'opportunité de cette publication, disons-nous, était mise en doute, nous trouverions notre justification dans l'article ci-après, que nous lisons dans le *Moniteur* du 9 Juillet (1854) :

« Le nombre des émigrants Allemands et Suisses qui traversent notre territoire pour se rendre dans les pays transatlantiques s'est beaucoup accru pendant ces dernières années.

» L'ouverture du chemin de fer de Strasbourg et les communications fréquentes que le port du Havre entretient avec les deux Amériques procurent, en effet, aux émigrants toutes les facilités désirables.

» La France ne peut que gagner au passage de ces nombreux étrangers qui empruntent son territoire, et qui y laissent, en frais de transport et de séjour, des sommes considérables (1).

(1) On estime à *six millions* par an le bénéfice que la ville seule du Havre a retiré en moyenne pendant ces cinq dernières années des émigrants qui se sont embarqués dans ce port et dont le nombre pourra bien atteindre cette année le chiffre de 100,000.

La Chambre de commerce d'Anvers, dans le rapport général qu'elle vient de publier sur l'état du commerce et de l'industrie pendant l'année 1853, apprécie en ces termes les avantages que rapporte à Anvers l'émigration allemande :

« Nous constatons avec satisfaction que le transit des émigrants Allemands par le port d'Anvers, a pris une grande extension en 1853. Le nombre s'en est élevé à 15,700 contre 9,243 en 1834 et tout semble promettre que le chiffre de l'année dernière sera encore notablement dépassé en 1854 (*). Ce passage d'émigrants par notre pays lui est très-favorable, non seulement par les profits directs qu'il procure à notre rail-way national et à la navigation de notre port, mais encore et surtout, *parce qu'il facilite à un haut degré l'exportation de nos pro-*

(*) Voir page 125.

» A un autre point de vue, les souvenirs et les impressions que les émigrants recueillent, en traversant même rapidement notre pays et notre capitale, ne sont pas sans influence sur la haute idée qui s'attache dans les régions les plus lointaines à la fécondité de nos ressources et au progrès de notre civilisation.

» La plupart des pays étrangers ont pris des mesures pour régulariser les mouvements de l'émigration. L'intérêt de la France lui commande d'adopter des dispositions analogues, et, en même temps, elle doit aux émigrants comme aux gouvernements dont ceux-ci dépendent, elle se doit à elle-même d'entourer le transport et l'embarquement des passagers de toutes les garanties que l'humanité réclame.

» C'est dans ce but que les départements des affaires étrangères, de l'intérieur, de la marine, de la guerre, des finances, de l'agriculture, du commerce et des travaux publics se sont concertés pour former une commission spéciale chargée d'étudier les différentes questions qui se rattachent à l'émigration.

» Cette commission vient d'être instituée par un arrêté de M. le Ministre de l'agriculture, du commerce et des travaux publics, en date du 1er de ce mois. Elle est composée ainsi qu'il suit :

« MM. Heurtier, conseiller d'État, directeur-général de l'agriculture et du commerce, président ;
» Ancel, député au Corps législatif, maire du Havre ;
» Coulaux, député au Corps législatif, maire de Strasbourg ;
» Mestro, conseiller d'État, directeur des Colonies ;
» Collet-Meygret, directeur de la sûreté générale ;
» Le comte de Reinhard, ministre plénipotentiaire ;
» Bourgelot, administrateur des douanes et des contributions indirectes ;
» De Clercq, sous-directeur au ministère des affaires étrangères ;

» *duits industriels vers l'Union Américaine, en ce sens, que les grands* » *navires destinés au transport de ces émigrants remplacent les fortes* » *quantités de lest dont ils auraient besoin, par des marchandises* » *qu'ils acceptent à un nolis très-réduit qui souvent ne compense* » *que largement les frais de chargement et de déchargement.* A ces » divers titres, ce transit est digne de toute la protection du Gouvernement. »

Nous avons vu, d'ailleurs, par une lettre écrite de Hambourg en 1852 et reproduite par le *Moniteur* (page 122) que toutes les grandes lignes de navigation qui relient aujourd'hui Brême et Hambourg avec l'Australie, la Californie, les Antilles et les États-Unis, ont dû au transport des émigrants leur création et leur développement ; et que toutes ces entreprises ont obtenu un tel succès que chaque campagne voit croître leur importance et leur nombre.

» Fleury, chef de la division du commerce extérieur ;
» Tourneux, chef de la division d'exploitation des chemins de fer ;
» Testu, chef du bureau de la colonisation de l'Algérie ;
» Ozenne, chef du bureau de la législation des douanes, secrétaire.

« La Commission est installée et elle fonctionne avec activité. »

Ainsi, la question du transport et de l'embarquement des émigrants a paru d'une telle importance au Gouvernement, que tous les ministères ont été appelés à concourir à la formation de cette commission spéciale.

Nous avons surtout remarqué parmi les honorables membres qui font partie de cette commission, M. le comte Reinhard, l'auteur d'un fort remarquable rapport adressé à M. le Ministre des affaires étrangères. Ce rapport, qui traite des conditions, du régime et du mouvement des émigrants dans le port de Brême, a été inséré dans le *Moniteur* du 23 Février 1853.

Nos lecteurs ne manqueront pas, d'ailleurs, de remarquer avec nous, parmi les membres de cette commission, MM. les Maires du Havre et de Strasbourg, et de désirer que le moment soit proche où deux adjonctions, au moins, au nombre de ces membres, soient devenues nécessaires : Celles de MM. les Maires de Dunkerque et de Lille.

APPENDICE.

Maintenant que nous voici arrivé au complet achèvement de cet ouvrage, il est nécessaire de faire remarquer qu'en raison de la célérité que nous avons dû apporter à recueillir les nombreux documents qui nous ont été nécessaires pour faire un travail quelque peu sérieux, à coordonner ces documents, à les contrôler même scrupuleusement, ce travail ne peut être exempt des négligences qui résultent toujours d'une rédaction trop hâtive.

En effet, le 17 Juin, on nous demande de Paris un exposé de la question que nous venons de traiter; nous nous mettons immédiatement à l'œuvre, en croyant que cet exposé n'excèdera pas la composition de trois feuilles au plus (48 pages in-8°); mais l'horizon s'agrandissant chaque jour, chaque jour aussi s'éloignait le terme de l'achèvement, entraîné, que nous avons été par la fécondité du sujet, et voici que, tout en n'ayant qu'effleuré quelques parties susceptibles d'intéressants développements, nous sommes arrivés, en moins d'un mois, à treize feuilles, ou plus de 200 pages in-8°, en comprenant les notes.

Si même la composition et le tirage ne s'étaient effectués au fur et à mesure que la rédaction fournissait la *copie* nécessaire pour remplir une feuille, nous aurions aujourd'hui changé la disposition des matières pour insérer, au chapitre destiné au port de Dunkerque, un document d'un haut intérêt que nous recevons au moment où nous venons de terminer notre conclusion.

Le document dont il s'agit est une réponse que nous devons à l'extrême obligeance de M. Decharme, ingénieur en chef des ports du Nord, à la demande que nous avions eu l'honneur de lui adresser la veille, de quelques renseignements concernant le port de Dunkerque.

En voici le texte :

« Dunkerque, le 13 Juillet 1854.

» Monsieur l'Ingénieur en Chef,

» J'ai l'honneur de vous adresser les renseignements que vous désirez, en réponse à la lettre de M. Vanderest, que vous m'avez transmise ce matin.

» Il résulte des derniers sondages faits au port de Dunkerque ;

» 1° Qu'un navire tirant 5 m. 80 d'eau, peut entrer à Dunkerque, en haute mer de vive eau ordinaire, et avancer sans encombre jusqu'à accoster une estacade du côté de l'est, où il est possible de procéder à un allégement ;

» 2° Qu'un navire tirant 5 m. 50, peut arriver, aux mêmes époques, jusqu'au premier des quais en pierre, sur lesquels s'opèrent les déchargements ;

» 3° Qu'un navire tirant 5 m. 20, peut continuer et arriver, au même âge de la lune, jusqu'au quai de la visite ou dans les bassins.

» On doit compter, dans le courant d'une année, trois ou quatre syzygies pendant lesquelles la mer n'atteint pas cette hauteur à 0 m. 25 près environ. Mais aussi on peut en compter au moins douze ou quinze, avant et après les équinoxes, où les marées montent à 0 m. 30 ou 0 m. 40 plus haut que les cotes précédentes.

» Ces résultats s'appliquent généralement au jour des syzygies et à trois ou quatre jours après.

» Pour le temps des quartiers, il faut retrancher, comme moyenne, environ 1 m. 25 aux chiffres ci-dessus indiqués, ce qui donne respectivement 4 m. 55 pour le tirant d'eau des navires qui peuvent arriver en morte eau à l'estacade indiquée plus haut ; 4 m. 25 pour atteindre le premier quai en pierre, et 4 m. 00 pour accoster au quai de la visite ou entrer dans les bassins.

» Les travaux considérables en cours d'exécution qui doivent se terminer en 1856 ont pour but d'augmenter de **un mètre** tous les tirants d'eau qui précèdent.

» Les mouvements d'entrée et de sortie du premier bassin, sont desservis par deux écluses, dont l'une, en construction, de 21 m. 00 de largeur, et l'autre, qui fonctionne depuis une année, de 13 m. 00; cette dernière qui a un sas de 54 mètres de longueur permet les mouvements deux heures avant et deux heures après la pleine mer, et pare ainsi aux inconvénients de la faible durée de l'étale des ports du Nord de la France.

» Le second bassin est séparé du premier par une écluse de 16 m. 00 de largeur.

» Les bassins, tels qu'ils sont maintenant, peuvent contenir environ 220 à 250 navires de 200 à 300 tonneaux; ce nombre pourra s'augmenter d'une centaine de navires après l'achèvement des travaux.

» Veuillez recevoir, etc.

» *L'Ingénieur du Port de Dunkerque*,

» *Signé* : A. PLOCQ.

» Pour copie conforme, adressée à M. Vanderest par l'Ingénieur en Chef du service des Ports maritimes de commerce du Nord, qui en approuve tous les détails.

» Dunkerque, le 15 juillet 1854.

» *L'Ingénieur en chef des Ports du Nord*,

» DECHARME. »

Le temps nous manque pour nous livrer à quelques considérations à propos de ce précieux document, qui est une confirmation officielle de toutes nos assertions sur l'excellence du port de Dunkerque.

Après l'attestation de M. Plock, ingénieur en chef du port de Dunkerque, attestation approuvée *dans tous ses détails* par M. Decharme, ingénieur en chef des ports du Nord, on peut donc conclure à bon droit que lorsque les immenses travaux qui s'exécutent au bassin du commerce seront complètement achevés, le port de Dunkerque n'aura plus rien à envier aux ports du Havre, de Liverpool, d'Anvers, d'Amsterdam, de Rotterdam et des ports anséatiques, sinon le mouvement qui les anime et les enrichit.

Nous devons à M. Decharme, ainsi qu'à M. Plock, l'expression de notre vive reconnaissance pour le service que ces messieurs rendent aux intérêts du commerce de Dunkerque, qui se lient si intimement aux intérêts du commerce et de l'industrie de tout le Nord de la France, en nous permettant de livrer à la publicité un pareil document.

Dans notre désir de rendre aussi complet que possible les renseignements qui se rapportent au port de Dunkerque, nous nous nous étions encore adressé à M. J.-A. Conseil, capitaine du port de Dunkerque, et là aussi notre demande a été accueillie avec la bienveillance empressée que nous avons rencontrée dans toutes les administrations, et M. Conseil n'a même pas reculé devant le travail considérable que nous reproduisons ci-après, avec la lettre qui l'accompagne, malgré les expressions trop flatteuses que cette lettre contient à notre adresse.

« Dunkerque, 11 Juillet 1854,

» En vérité, mon cher monsieur Vanderest, ce que vous me demandez par votre billet d'hier et celui de ce matin est un travail des plus difficiles, et si je n'appréciais pas son but d'utilité et l'avantage qu'il doit rapporter au commerce local en vue de le doter d'un marché de cotons, je vous avoue que, malgré ma bonne volonté pour vous obliger, je ne sais si je me serais décidé à m'y livrer. Mais enfin je me résigne. Permettez-moi cependant d'accompagner les renseignements que vous me demandez de quelques considérations.

» Vous remarquerez d'abord qu'il n'est pas entré dans notre port de navires d'un tonnage plus élevé que celui de 503 tonneaux ; mais vous savez que, d'après la manière actuelle de jauger, les navires portent souvent moitié, deux tiers et même trois quarts de plus que leur jauge. J'en citerai pour exemple le *Louis XIV*, qui ne jauge que 432 tonneaux et en porte cependant plus de 800, et aussi le *Napoléon III*, parti hier pour Calcutta avec 650 tonneaux de charbon à bord, et qui ne jauge que 525. Soyez sûr qu'il nous reviendra avec 800 tonneaux au moins.

» Ce n'est pas la mesure de la douane qui fait à un navire avoir un grand ou petit tirant d'eau, mais sa forme et la cargaison qu'il porte.

» Si l'on ne voit point arriver à Dunkerque comme au Havre, à Marseille, à Bordeaux, à Nantes, des navires de 800, 1,000 ou 1,500 tonneaux, la raison en est fort simple c'est que notre commerce ne le comporte pas. Il est à remarquer, d'ailleurs, que ce n'est pas avec un plein et entier chargement de grain que ces grands navires entrent dans les ports que nous venons de désigner, car ils ne le pourraient pas même dans les plus grandes marées.

» Quant aux cotonniers américains qui vous préoccupent spécialement, leur tirant est de 4 m. 50 à 5 m. d'eau, et ils repartent avec des passagers qui leur font caler moins encore. Ils le pourraient faire également à Dunkerque, car le tableau qui suit prouve que notre port est presque de toute syzygie accessible à des navires de 5 m. depuis son embouchure jusqu'à nos bassins, qu'ils peuvent toujours entrer au port avec ce tirant d'eau et qu'en plusieurs circonstances les navires tirant jusqu'à 5 m. 50 sont entrés en notre port et sont venus bord à quai (1).

» S'il s'agissait, d'ailleurs, d'une ligne à établir entre Dunkerque et New-York, qu'est-ce qui empêcherait d'y consacrer des navires comme le *Sacramento* (2), par exemple, ou du moins dans cette forme, navires qui porteraient de grandes quantités de cotons et logeraient un grand nombre de passagers, quoique tirant peu d'eau. Le *Sacramento* transporterait à New-York 400 passagers et en rapporterait mille tonneaux en coton ; il ne tirerait cependant pas alors 4 m. 33 d'eau. Mais ne demandez pas à faire des navires spéciaux si cela est inutile : qu'on nous envoie pendant dix-huit mois à deux ans seulement des cotonniers ayant un

(1) Les navires ayant un tirant d'eau de 5 m. 50 qui vont au Havre sont souvent obligés de rester quatre et cinq jours en grande rade quand ils arrivent de morte eau, ce qui indique qu'il ne monte guère dans le port du Havre que 6 mètres d'eau de grande marée (*Note de l'Auteur*).

(2) Voir page 126 et ce que nous avons dit page 91 du tonnage moyen des navires américains affectés à la navigation des États-Unis avec la France, tonnage moyen qui, pendant la période de 1848 à 1851 a été de 497 à 543 tonneaux.

tirant d'eau de 5 mètres, et nous les recevrons; plus tard nous pourrons dire aux Américains : Venez avec vos colosses, ils trouveront l'accès le plus facile au port de Dunkerque.

» J'ai cru devoir ajouter aux renseignements des navires la nature de leur cargaison pour faire apprécier à vos lecteurs que je ne me suis pas plu à exagérer le tirant d'eau que je donne à ces navires. J'y ai aussi ajouté l'époque des marées, afin de donner la preuve que souvent ces grands navires nous sont arrivés quelques jours après la grande mer. Je pense que tout cela vous suffira et je serai heureux d'avoir apporté ma pierre à l'œuvre que vous édifiez si laborieusement,

» Je finis en vous serrant la main.

» J. A. CONSEIL,

« Capitaine du Port de Dunkerque. »

P. S. Comme le temps me manque, je ne vous ai donné pour l'année courante que le nom des navires au-dessus de 250 tonneaux. Vous savez que si le nombre des grands navires entrés cette année au port de Dunkerque, n'est pas aussi important qu'il l'a été pendant le deuxième semestre de 1853, il faut l'attribuer à l'état de guerre, car la plupart de ces grands navires nous arrivent chargés de grains de la Mer Noire.

En revoyant le tableau que je vous envoie, je m'aperçois que j'ai oublié d'y porter le trois-mâts l'*Asie*, capitaine Coquelin, récemment arrivé. Ce navire jauge 314 tonneaux et en porte 500 ; il tire alors 5 mètres d'eau.

Il convient d'ailleurs, d'ajouter encore à ce relevé, les deux corvettes de l'État l'*Expéditive* et la *Recherche*, qui sont entrées le Dimanche 2 Avril, c'est-à-dire cinq jours après la nouvelle lune, qui datait du 28 Mars. Le premier de ces deux navires doit jauger au-delà de 300 tonneaux et porte au moins 500 tonneaux, et le second 25 à 30 tonneaux de moins. L'*Expéditive* tirait 4 mèt. 84 c. d'eau, la *Recherche* 4 mèt. 60. Ces deux navires sont entrés à la voile à 5 h. 1/2 du soir, c'est-à-dire une heure après la pleine mer, et non seulement ils ont passé dans le sas, mais ils sont allés de la même marée jusque dans le bassin de la Marine. Cette marée n'était pas cependant une des plus fortes de l'année, puisqu'elle n'était que de 5 mèt. 40, d'après l'annuaire de Chazalon.

Liste des navires du plus fort tirant d'eau, entrés au port de Dunkerque depuis le 1er Janvier 1853 jusqu'au 30 Juin 1854

ANNÉES MOIS ET DATES	ESPÈCES DES NAVIRES	NOMS DES NAVIRES	NOMS DES CAPITAINES	PAVILLON	JAUGE	PORT EN [illegible]	NATURE DE LA CARGAISON	TIRANT D'EAU	ÉPOQUES DES [illegible]
1853								m. c.	
Janvier 1er	Trois-mâts	Eole	Makéo	Français	222	350	Sel	4,60	
» 13	Brig	Saint-Brieuc	Lucrau	»	218	360	Sel	4,55	9 et 25
» 22	Trois-mâts	Comtesse de Brienne	Merlin	»	252	400	Graine	4,66	
Février 6	Brig	Pierre-le-Grand	Hecle	»	216	380	Laine	4, »	
» 8	Trois-mâts	Europe	Devries	»	209	400	Campêche	4,50	8 et 25
Mars 11	»	Cygne	Chaté	»	246	350	Sel	4,50	
» »	»	Juif-Errant	Darnet	»	248	400	Diverses marchandises	5, »	
» 12	»	Francine	Jeffroy	»	220	300	Sel	4,35	
» 14	»	Dunkerquois	Rommel	»	218	300	Blé	4,25	9 et 25
» 22	»	Génie	Pratt	»	217	280	Liquide	4,66	
Avril 25	»	Boreal	Reval	»	211	300	Sel	4,55	25
Mai 9	Trois-mâts	Friga	Ulstrue	Norwégien	226	350	Blé	4,60	
» »	Brig	Arche d'Alliance	Vermersch	Français	206	350	Liquides	4,55	8 et 22
» 10	Vapeur	Mercury	Charlesworth	Anglais	333	590	Diverses marchandises	4,55	
Juin 15	Brig	George et Lucie	Plumbeck	Russe	220	300	Graine	4,50	
» 20	Trois-mâts	Louis XIV	Goudre	Français	432	800	»	5,50	
» 21	Brig	Uranie	Bourat	»	219	400	Guano	4,50	6 et 21
» 23	»	Leonidas	Vanhoutte	»	235	400	Sel	4,50	
Juillet 1er	Trois-mâts	Victorine	Dubourg	»	244	400	Guano	5,10	
» »	Brig goëlette	Georges	Langhelée	»	210	300	Liquides	4,55	
» 3	Brig	William Madown	Dickson	Anglais	310	500	Blé	5,55	
» 4	»	Lyon	Thin	Français	257	350	Sel	4,66	
» 6	»	Hesper	Parsell	Anglais	287	400	Blé	5,00	
» 11	»	Spring	Hanis	»	257	357	»	4,66	
» »	»	James	Preston	»	208	450	»	4,75	
» 12	»	Eléonore Grace	Pearson	»	246	350	»	4,55	
» 15	»	Three-Vennes	Melson	»	216	310	Bois	4,00	
» 17	»	Ocean Queen	Askley	»	219	320	Blé	4,66	6 et 20
» 18	»	Vidar	Knudssen	Norwégien	200	300	»	4,50	
» 19	Trois-mâts	Christine	Nilkson	»	315	500	»	5,10	
» 20	»	Hispania	Peacoock	Anglais	250	400	»	4,66	
» 21	Goëlette	Monarque	Dumont	Français	209	350	Souffre	4,66	
» 25	Trois-mâts	Constenza-ed-Ston	Jovrich	Autrichien	400	600	Blé	5,00	
» 25	»	Oedememing	Johanna	Hollandais	390	600	»	5,50	
» 26	Brig	Rutgers	Strip	Anglais	280	450	»	5,00	
Août 1er	»	Wa[illegible]	[illegible]	[illegible]	[illegible]	[illegible]	[illegible]	[illegible]	

»	»	»	[illegible]	[illegible]	Anglais	[illegible]	[illegible]	»	[illegible]	
»	4	Trois-mâts	Helen Stewart	Tiodal	»	380	600	»	5,10	
»	19	Brig	Hellen	Clarper	Anglais	220	320	Blé	4,60	5 et 18
»	20	Trois-mâts	Amiral-Roussin	Croes	Français	214	300	»	4,50	
»	»	»	Forst Suwarouch	Lipp	Russe	320	500	Graine	5,00	
»	21	»	Ernest	Allemès	Français	365	600	Sel	5,80	
»	»	Brig	Mogador	Beweme	»	242	400	Graine	5,00	
Sept.	1er	Trois-mâts	Sévère	Lenard	»	209	300	Blé	4,50	
»	»	Brig	Travail	Rozé	Français	202	300	»	4,55	
»	»	»	Thomas Gowland	Gordon	Anglais	230	350	»	4,50	
»	2	Trois-mâts	Alexandra	Paoli	Français	263	350	Sel	4,00	
»	»	»	Aristide-Marie	Lescure	»	282	350	»	4,55	
»	»	»	Schwan	Lutke	Prussien	558	500	Blé	5,40	
»	»	Brig	Hope	Potts	Anglais	311	450	»	5,60	
»	»	Trois-mâts	Ville de Dunkerque	Versaelle	Français	285	500	Graine	4,75	2 et 17
»	4	»	Jean Bart	Weynaert	»	265	450	»	4,66	
»	»	Brig	Pierre-le-Grand	Faiome	»	210	350	»	4,50	
»	5	Trois-mâts	Johanna-Ernest	Doncke	Prussien	350	500	Blé	4,75	
»	10	»	Grand Condé	Huet	Français	219	350	Coton	4,50	
»	16	Brig	Sta-Philomena	Manacaris	Napolitain	200	400	Soufre	5,50	
»	18	Goelette	Indépendance	Allemès	Français	245	400	Guano	4,50	
»	»	Trois-mâts	Christiania	Nilsen	Norwégien	315	300	Bois	4,55	
Octob.	1er	»	Integritas	Collet	Français	245	350	Diverses marchandises	4,66	
»	2	»	Pierre-Emile	Lodépemier	»	245	350	Soufre	4,60	1, 15 et 30
»	»	»	Dunkerquois	Nossen	»	216	300	Graine	4,25	
»	25	Brig	Anderson	Browers	Anglais	256	400	Blé	5,00	
Nov.	18	Trois-mâts	Juif-Errant	Darnet	Français	248	400	Graine	5,00	15
»	20	Brig	Comian	Nye	Anglais	307	450	Fonte	5,10	
Decemb	3	Goelette	Auguste	Camus	Français	200	300	Diverses marchandises	4,55	
»	4	Trois-mâts	Saint-Paul	Plouenay	»	220	350	»	4,55	
»	15	»	Marion	Rolland	»	204	300	Sel	4,50	
»	20	»	Adolphe	Gaffesor	»	516	500	»	5,50	
»	27	Brig	Dacapo	Beck	Russe	300	450	Graine	5,00	14 et 30
»	28	»	Bretagne	Tonning	Français	221	350	Lin	4,00	
»	30	»	Prudent	Bollo	»	210	300	Orge	4,53	
»	»	Trois-mâts	Océan	Gadisat	»	210	325	Sel	4,66	
»	31	Goelette	Favorite	Denis	»	200	300	Blé	4,55	
1854										
Janvier	26	Trois-mâts	Rubens	Le Brouster	Français	372	600	Graine de lin	5,20	14 et 28
»	31	»	Comtesse de Brionne	Poussier	»	255	400	»	4,70	
Février	2	»	Sacramento	Huet	»	505	800	Guano	4,55	
»	27	»	Europe	Devries	»	260	400	Graine de lin	4,78	15 et 27
Mars	11	»	Ernestine	Dubars	»	277	420	Soufre	5,00	14 et 28
»	14	Brig	Jhon Hunter	Bullock	Anglais	277	400	Blé	4,80	
Avril	29	Trois-mâts	Louise	Bonne	Français	342	500	Diverses marchandises	5,00	15 et 27
Juin	30	»	Jean Bart	Delbeke	»	298	425	Sel	4,75	10 et 25

NOTES ET DOCUMENTS.

(Extrait du journal l'*Autorité* des 2, 9 et 14 Février 1854.)

COMPAGNIE COMMERCIALE DE DUNKERQUE (1).

I.

Il faut voir deux choses avant tout dans les grandes entreprises industrielles et commerciales : Le but et le point de départ.

Si le but répond à des besoins réels, si le point de départ est pratique.

A ces conditions, les entreprises industrielles, si gigantesques et si audacieuses qu'elles paraissent, réunissent immédiatement autour d'elles des adhésions empressées, des sympathies ferventes, un concours efficace, de la part de tous les hommes intéressés à leur succès rapide et solide. Il est inutile, alors, d'en appeler à de longues et savantes démonstrations. Il suffit d'exposer les faits, et tout aussitôt l'opinion publique donne en quelque sorte son permis de circulation.

C'est ainsi que, du jour où le projet d'établir une vaste association sous le titre de *Compagnie Commerciale de Dunkerque*, a été connu, et que les voies et moyens d'exécution ont été expliqués, toutes les populations du département du Nord et des départements riverains se sont émues, comme à un de ces évènements qui doit changer du tout au tout la face d'un pays.

Les représentants les plus importants de l'industrie, les hommes les plus compétents, ceux dont le nom fait autorité et est une garantie, sont venus se grouper autour de

(1) Lorsque M. Xavier Eyma a publié dans le journal l'*Autorité* cette remarquable analyse dont il est l'auteur, notre Exposé primitif comprenait à peine un cinquième du travail qui précède ; et non-seulement nous avons fait subir à cet exposé de nombreuses modifications, *à chaque chapitre*, mais nous y avons ajouté, indépendamment de l'Introduction, les chapitres consacrés à l'Algérie, aux Etats-Unis, au Commerce de Dunkerque, aux ports de Dunkerque et d'Anvers, aux Ports d'embarquement et de destination, etc.

ce projet et l'ont couvert de leur intelligent et puissant patronage.

Cet élan sympathique a été proportionné à la nature des services que le pays est en droit d'attendre de la Compagnie Commerciale ; et il suffit d'énumérer ces services pour que le public en comprenne bien l'importance.

Et d'abord, voyons sur quelles bases la Compagnie Commerciale s'est appuyée pour s'élever du premier coup à la hauteur de cette vive attention qu'elle a excitée dans l'opinion publique.

Le point de départ tient à un ordre d'idées éminemment supérieur, au triple point de vue économique, social et politique.

Le spectacle de l'activité manufacturière des départements du Nord de la France ; le chiffre de leur consommation annuelle en matières premières, notamment en coton brut ; l'agglomération considérable d'ouvriers et de familles d'ouvriers attachés à l'exploitation des fabriques, dans un rayon relativement restreint ; le délaissement immérité d'un magnifique port de mer ; l'inaction d'une ville commerçante dépérissant faute de capitaux, au milieu de ressources inconnues ou méconnues, — tels sont les éléments qui ont servi à édifier l'œuvre dont nous parlons aujourd'hui.

Certes, on ne pouvait rencontrer, concentrés sur un seul point en quelque sorte, autant d'aliments propres à féconder une pensée ambitieuse. Et une Compagnie Commerciale fondée dans le but de décupler peut-être l'activité déjà si grande des départements du Nord, en facilitant à l'industrie l'approvisionnement de ses matières premières, tant par la proximité d'un marché que par une diminution sensible dans le prix des transports ; — une Compagnie dont un des premiers bienfaits sera une augmentation de travail pour les classes laborieuses et sans aucun doute une amélioration dans leur condition d'existence ; — une Compagnie qui relève d'interdiction un port comme celui de Dunkerque, et établit sur une place languissante un mouvement insolite et considérable de capitaux, — une telle Compagnie, disons-nous, méritait d'obtenir, en effet, de vives et ardentes sympathies, de chaleureux et enthousiastes encouragements.

On connaît déjà ainsi le point de départ et le but où tend la *Compagnie Commerciale de Dunkerque*. Elle rentre donc bien positivement dans la catégorie de ces conceptions sérieuses auxquelles nous disions en commençant que le succès est toujours assuré quand le point de départ est pratique, — quand le but répond à des besoins réels.

Ce qu'il y a de remarquable ici, c'est qu'il n'a fallu que tendre la main, pour ainsi dire, afin de récolter ces éléments d'organisation et de succès. Des faits clairs, simples, précis, saisissables pour tout le monde ; des chiffres constatant d'une part les besoins, de l'autre la richesse des localités comprises dans le vaste réseau de cette féconde conception, voilà ce qui a constitué immédiatement la force vitale d'un projet dont le port de Dunkerque devra s'enorgueillir d'avoir pris l'initiative.

C'est d'abord, pour résumer en quelques mots les dernières statistiques, si lumineusement groupées par M. Vanderest, dans la longue et intéressante exposition qu'il a faite du plan de la Compagnie dont l'idée est son œuvre, et dont il a mûri la savante organisation pendant dix ans avec une patiente persistance et une énergie de volonté qu'on ne saurait trop louer ; — c'est, disons-nous, le mouvement industriel de la France, duquel ressort tout ce qui est particulier aux départements du Nord.

Pour l'ensemble, on trouve, d'après les résultats de l'enquête de 1847, que nos filatures en France produisent, année moyenne, pour une valeur de SIX CENT MILLIONS de francs ; qu'elles emploient à peu près 40 millions de kilog. de coton en laine ; qu'elles occupent plus de 600,000 ouvriers.

Le seul arrondissement de Lille compte pour un quart dans le nombre total des broches actives dans les manufactures (894,332 sur 3 millions et demi), et pour un septième dans la totalité des ouvriers employés. Quant au département du Nord, il fait vivre plus de 800,00 individus attachés plus ou moins directement à l'exploitation des 95 établissements où se consomme le coton brut.

C'est définir nettement l'importance du mouvement industriel de ce coin de la France. Si l'on veut pénétrer plus avant, on rencontre une activité non moins grande, proportion gardée, à Saint-Quentin, Amiens, etc., etc., sur tout le territoire environnant, en un mot.

Eh bien ! d'où vient cette matière première, ou pour mieux dire par quel intermédiaire arrive-t-elle jusqu'aux portes des ateliers de Lille, de Roubaix, de Tourcoing, d'Armentières, de St-Quentin, d'Amiens, de toutes ces localités enfin qui rayonnent à quelques kilomètres de Dunkerque? — Par l'intermédiaire du Havre, le seul marché d'approvisionnement pour les départements qui ont à leur tête un port de mer de premier ordre.

N'est-ce pas une anomalie?

Voilà ce qu'il était simple et facile de concevoir, de définir, de faire comprendre.

Restait à trouver les moyens de corriger ce vice.

L'idée la plus naturelle était de rendre à Dunkerque sa destination vraie et primitive, celle de port de mer, qu'il a perdue par une sorte d'oubli de sa position géographique, et de négation de son passé, et de ses ressources propres.

Donc, du jour où Dunkerque se relèverait de son inaction, du jour où il ouvrirait ses bassins à des grands navires, du jour où Dunkerque deviendrait une place de commerce, nécessairement on en ferait un marché d'approvisionnement pour tous ces départements, obligés de payer aujourd'hui cette dîme si lourde de la distance sur les matières de première nécessité!

Ces combinaisons ressortaient de l'application pratique des faits. D'une part, des consommateurs qui paient plus cher qu'ils ne devraient les objets dont ils ont journellement besoin; de l'autre, un port de mer, une place ouverte au commerce, où il s'agirait de faire arriver directement ces mêmes objets que le consommateur aurait sous la main, à quelques tours de roue d'une locomotive.

Il n'était pas possible, ces deux propositions étant données, d'en tirer une conclusion plus naturelle, plus logique, plus claire, plus palpable que celle-ci : — Les départements du Nord de la France ont un intérêt immense à ce que Dunkerque reçoive les quantités de coton nécessaire à l'alimentation de leurs manufactures.

Il n'y avait plus à s'inquiéter de savoir si la consommation du coton brut dans les départements du Nord est suffisante; les chiffres l'ont démontré; le spectacle de l'activité industrielle de cette portion de la France répond à cette objection.

La grosse difficulté n'était pas là. Elle était dans cette question : — Comment arriver à un résultat qui demande des capitaux nombreux, de fortes maisons de commerce, un mouvement assez actif pour attirer des navires en leur assurant un fret d'aller en échange du fret de retour?

C'est là ce qu'a résolu la *Compagnie Commerciale de Dunkerque :* Nous allons démontrer de quelle manière et dans quel sens.

II

La première condition pour réaliser la grande révolution commerciale que M. Vanderest avait méditée pour le Nord de la France, était de réunir au point central l'argent qui, s'il est le nerf de la Guerre, est bien aussi et beaucoup le nerf du Commerce. Pas une seule maison à Dunkerque n'était en mesure d'entreprendre à ses risques et périls une pareille œuvre ; et d'ailleurs, eût-elle existé, que l'étendue des opérations propres à une organisation aussi large et aussi complète, demande pour que le succès ne soit pas douteux, une force de capitaux qu'une maison ou plusieurs maisons agissant isolément n'auraient jamais pu réunir.

Le plus simple et le plus court était de faire appel à l'association, de manière à avoir aisément un fonds social considérable et capable de faire tête à toutes les éventualités, sans que les premiers déboires, — en admettant qu'il s'en rencontre, — ne puissent jeter de l'hésitation dans les opérations, et entraver l'élan énergique qu'il est indispensable d'imprimer au mouvement de début. Car ce n'est pas une entreprise ordinaire que celle qui a pour objet de détourner un courant commercial rapide, d'arrêter au passage de nombreux détachements d'émigrants, de garantir à une flotte de navires un fret d'aller et de retour et tous les avantages de la navigation, d'alimenter un port dont la route a été trop longtemps oubliée, et de faire revivre sous le galvanisme commercial une place presque morte aux grandes affaires.

Nous avons dit qu'une telle entreprise était une véritable révolution ; nous maintenons le mot qui justifie par conséquent les moyens énergiques, prompts, puissants, auxquels il faut de toute nécessité avoir recours dès le début. L'association seule pouvait permettre de les espérer. N'est-ce pas là d'ailleurs le grand principe sur lequel l'Angleterre et les États-Unis s'appuient pour donner l'essor à leurs gigantesques et fructueuses opérations qui assurent leur prépondérance sur presque tout le globe, et les autorisent à ne reculer devant aucune de ces entreprises aidant à la prospérité nationale ? L'association pratiquée dans des conditions honnêtes et sûres, est une force qu'on a méconnue en France, pour en avoir abusé peut-être. Ce qui fait qu'on a confondu le bien et le mal.

Les fondateurs de la *Compagnie Commerciale de Dunkerque* ont donc fait un appel à un capital de 20 millions de francs, ni plus ni moins que ce qui est indispensable pour une pareille entreprise, dont le caractère est suffisamment appréciable aujourd'hui à nos lecteurs, pour que nous n'ayons pas besoin de discuter ce chiffre, ni pour le justifier, ni pour l'approuver ; vingt millions de francs dont le bon emploi sera une source de richesse pour les co-associés d'abord, et un bienfait pour le port de Dunkerque, pour les départements du Nord, disons mieux pour la France entière. Car jamais une masse d'affaires aussi considérable que celles que la Compagnie se propose d'entreprendre ne circule dans un pays sans l'émouvoir profondément, sans qu'il en résulte un développement colossal pour le Commerce, pour la Marine, pour l'Industrie. Et peut-être serons-nous encore dans les limites et dans les prévisions les plus strictes de la vérité, en disant que, sans atteindre en rien l'importance du marché du Havre, sans y déplacer une balle de coton, sans prendre à ce port un seul navire, sans détourner un colis de ses chargements d'aller, la *Compagnie Commerciale* peut créer à Dunkerque toute une série nouvelle d'affaires, tout un mouvement maritime nouveau, qui ne s'improviseront pas, il faut bien le croire, mais seront la conséquence forcée de l'impulsion donnée à l'Industrie, au Commerce, à la Marine, par la force d'influence des capitaux, par les opérations entreprises sur une vaste échelle.

Il y a des faits économiques qui sont de règle et de loi communes. Partout où une goëlette trouve à décharger sa cargaison avantageusement, et à en prendre une en retour, on est bien certain qu'il en viendra deux, trois, quatre au plus tôt ; puis aux goëlettes succèderont rapidement de gros navires ; un d'abord, puis aussi dans la même proportion, deux, trois, cinq, dix, vingt. Sur tout marché où l'on aura vendu aujourd'hui à des consommateurs nouveaux une pièce de calicot, demain on est assuré d'y en voir arriver un colis ; puis les magasins s'ouvrent, les maisons de commerce se fondent. De même, partout où l'industrie sait devoir trouver à portée de la main, à des prix bas et en abondance, les matières premières, les établissements industriels se multiplient, sans qu'il en résulte pour cela d'encombrement fâcheux, de concurrence autre que la concurrence indispensable au progrès et au bien-être des classes de consommateurs. En un mot, l'argent fonde le crédit ; le crédit et l'argent centuplent le travail ; les produits de la fabrication augmentent avec les débouchés et avec les moyens de transport, avec la diminution des prix de la matière première, et avec la multiplicité des spéculations.

C'est là la révolution que la *Compagnie Commerciale de Dunkerque* est appelée à accomplir. Et c'est précisément parce qu'à son point de départ, cette Compagnie a eu sous la main tous les élémentsqui composent la basedu commerce et de l'industrie, que ses fondateurs ont fait une œuvre véritablement pratique, et à laquelle le succès était nécessairement réservé, comme nous l'avons dit et démontré, par l'affluence des adhésions qui leur sont arrivées.

Il importe de bien remarquer que le but de la *Compagnie Commerciale* n'est pas d'appeler des capitaux entre ses mains pour en faire un fonds de crédit, mais que, — ainsi que son nom l'indique d'ailleurs, — elle a l'intention limitée à des conditions inscrites à l'acte de société, de faire pour son propre compte, telles opérations, telles spéculations d'échange qu'elle jugera convenable, entre les produits des départements du Nord et ceux de notre colonie d'Alger.

Ici nous insisterons sur un point de détail important et qui mérite qu'on s'y arrête ; nous voulons parler du concours évidemment très-actif que la Compagnie réserve de prêter à la colonisation et au développement des cultures industrielles en Algérie. C'est là non pas seulement un acte de dévouement intelligent de la part de la *Compagnie Commerciale*, mais une preuve de réflexion et de sage prévision de la part de ses fondateurs. L'Algérie est appelée à jouer un rôle considérable dans le mouvement commercial maritime et industriel de la France ; l'Algérie, c'est la solution de toutes les grandes questions économiques, en apparence encore insolubles chez nous ; c'est le *Far-West* de la France, où un jour l'activité de nos industriels ira trouver de vastes champs où s'exercer ; c'est le débouché réservé au trop plein de nos populations ; c'est là que, dans l'avenir, nos manufactures jetteront à pleins navires des masses de produits fabriqués, en échange de matières premières abondantes, et en échange notamment du coton, dont la culture prend dans ce pays un accroissement prodigieux que le Gouvernement encourage d'une manière si intelligente. Donc le port de mer, le département industriel, la place de commerce qui, les premiers, offriront à l'Algérie les ressources immenses que la *Compagnie Commerciale de Dunkerque* va être en mesure de lui offrir, se préparent dans l'avenir des avantages incalculables.

En résumé, sur tous les points généraux que nous avons indiqués jusqu'à présent, on ne pourra nier, nul ne songera à contester l'intelligence qui a présidé à la création de la *Compagnie Commerciale*. Développement de l'Industrie, accroissement du Travail, affluence de Capitaux sur une place où ils manquent, profit immédiat pour la Marine, concours actif prêté à la prospérité rapide de l'Algérie, voilà ce que l'on trouve de plus saisissable, de plus clair, de plus évident dans l'idée dont M. Vanderest s'est fait le promoteur.

Il nous reste quelques autres parties du projet sur lesquelles nous allons revenir.

III.

On comprend que l'attention publique se soit vivement portée sur cette Compagnie qui résume toutes les conditions d'un ensemble commercial qui ne s'obtient qu'après de longues années de luttes, de tâtonnements, d'efforts. Tout d'un coup, elle présente une masse de capitaux considérable; elle n'a pas besoin de se préoccuper de débouchés aux approvisionnements du marché dont elle fait son quartier-général, car ce marché se trouve placé au centre d'un pays consommateur de toutes les matières dont le port de Dunkerque se fait le détenteur. En retour des matières qu'elle leur fournira, les fabriques qui entourent la Compagnie lui rendront des objets manufacturés destinés à charger les navires, et en admettant qu'il faille à toute force se servir de l'intermédiaire de Paris pour obtenir ce fret destiné aux navires, Dunkerque et Paris sont reliés par un chemin de fer, le plus beau peut-être de toute la France. Enfin, une armée d'émigrants venant de l'Allemagne et des provinces de l'Est, passent en vue et devant les portes de Dunkerque pour aller rejoindre à une distance sextuple, à plus grands frais, un port d'embarquement. Ces émigrants, tout naturellement, préfèreront faire une économie de temps, de fatigues et d'argent, en s'arrêtant à Dunkerque, où ils rencontreront les mêmes facilités de séjour et de départ qu'ils trouvent au Havre.

La *Compagnie Commerciale*, et c'est là le grand point, a donc l'écoulement du fret d'arrivée assuré, un fret de départ garanti, et de grands capitaux pour conduire ces opérations. On ne peut rien exiger de plus. On ne pouvait rien exiger de mieux.

Que si nous laissons de côté maintenant la question relative à la Compagnie elle-même, et si nous élargissons un peu le cercle déjà large des services qu'elle est appelée à rendre, pour considérer les avantages que le pays tout entier est destiné à tirer de la combinaison de cette vaste association, nous trouverons tout d'abord que la marine marchande sera la première à bénéficier de cet immense mouvement d'opérations.

On ne peut pas se dissimuler malheureusement que la marine marchande, cette base essentielle de notre commerce d'exportation, est dans un état déplorable, inférieur en tout temps aux marines rivales de la Grande-Bretagne et des États-Unis ; elle n'a pas progressé, ou du moins ç'a été dans des proportions si mesquines que c'est à peine si l'on doit en tenir compte. Nous ne voulons pas qu'on nous accuse d'obéir à aucune passion, ou de lancer au besoin d'une cause, si juste qu'elle soit, des accusations que nous ne saurions étayer de preuves évidentes. Ces preuves nous les puiserons dans des chiffres.

En 1832, le tonnage totale de la marine marchade anglaise était de 2,225,000 tonneaux ; celui de la marine marchande française de 670,000 tx. ; celui de la marine américaine (États-Unis) de 1,440,000 tonneaux. En deux ans, le tonnage de la marine des États-Unis s'éleva à 1,759,000 tonneaux (c'est-à-dire 319,000 tonneaux de plus). Loin de croître, la marine française a, au contraire, sensiblement diminué ; en 1832, avons-nous dit, son tonnage total était de 670,000 tonneaux ; à la fin de 1841, il n'était plus que de 590,262 tonneaux, et dix ans après, au 31 décembre 1851, il avait remonté à 704,429 tonneaux. Ainsi, pendant que dans l'espace de DEUX ANS, la marine américaine augmentait son matériel naval de 319,000 tonneaux, le nôtre mettait DIX ANS à en gagner 114,167 !

N'est-ce pas là une statistique bien cruelle pour notre amour-propre national? Mais c'est en osant blâmer notre lenteur et notre apathie, c'est en plaçant les tristes résultats sous les yeux du pays qu'on peut lui en faire mesurer toute la profondeur, et réveiller les ressorts engourdis d'une énergie et d'une volonté que nous avons gaspillées en choses frivoles quand ce n'était pas en choses coupables.

Peut-être n'est-il pas inutile de poursuivre notre comparaison jusqu'au bout, et après avoir révélé la faiblesse de notre marine, montrons l'infériorité de nos principaux ports relativement à ceux de l'Angleterre et des Etats-Unis.

Voici quel était le tonnage des navires dans quelques ports anglais, en 1829 : — Londres, 572,835 tonneaux ; — Newcastle, 202,579 ; — Liverpool, 161,780 ; — Sunderland, 107,628 ; — White-Haven, 72,967 ; — Hull, 72,248, — Portland, 61,171 ; — Bristol, 49,535.

En 1832, quelques-uns des ports des États-Unis comptaient:

New-York, 298,832 tonneaux ; — Boston, 171,045 ; — New-Bedford, 77,105 ; — New-Orleans, 70,550 ; — Baltimore, 47,942.

Voici maintenant quelle était, relativement au tonnage qu'ils représentaient, la situation des quatre principaux ports de commerce de France, en 1834 :

Bordeaux, 69,590 tonneaux ; — Marseille, 68,314 ; — Le Havre, 68,070 ; — Nantes, 51,528.

Comment, avec de tels éléments mis en présence les uns des autres, ne voulait-on pas que notre situation commerciale fût infiniment inférieure à celle des deux autres peuples nos rivaux et nos concurrents sur tous les marchés du monde ? Aussi, que l'on compare les conséquences de ce rôle secondaire de notre marine, avec les résultats qu'assurerait au commerce d'exportation et à l'industrie de l'Angleterre et des Etats-Unis, le développement incessant de leur marine. Appelons-en encore une fois à des chiffres :

Prenons un point de départ un peu éloigné : en 1820, le commerce d'exportation de la France représentait une valeur de 543,406 (millions de fr.), celui de l'Angleterre, 910,600 (millions de fr.), celui des Etats-Unis 275,400 (millions de fr). Ne poursuivons pas cette comparaison année par année, et arrivons à dix années plus tard ; en 1830, la France n'exportait plus que pour 452,900 (millions de fr.), l'Angleterre, au contraire, et les Etats-Unis avaient élevé le chiffre de leurs exportations, la première à 955 millions, les seconds à 316,900 millions. Et cinq ans plus tard, c'est-à-dire en 1835, les Etats-Unis avaient DOUBLÉ, comparativement à 1820, le chiffre de leurs exportations, en le portant de 275 millions à 539,700, et l'Angleterre atteignit la proportion de 910 millions à 1 milliard 184 millions. La France progressait de 543 millions à 575,900. — En ce qui concerne les Etats-Unis, il n'est pas besoin d'ajouter, ce que nos lecteurs savent déjà, que ce n'était point encore, et que c'est à peine aujourd'hui un pays de manufacture, et que par conséquent les exportations en matières premières représentent toujours une valeur moindre.

Il serait trop long d'énumérer ici, et d'ailleurs cela nous ferait sortir du cercle de la question véritable, toutes les causes qui ont dû favoriser en Angleterre et aux Etats-Unis le développement rapide du commerce, de l'industrie et de la marine. Mais on ne pourra pas nier que la préoccupation constante des capitaux, dans ces deux pays, à se porter sur des opérations et des entreprises aussi sérieuses que les opérations et les entreprises maritimes, a aidé puissamment à cette marche ascendante de la marine et du commerce.

Il n'a rien été de cela chez nous. Nous dépensons nos fonds à des spéculations ruineuses et sans profit pour personne, nous compromettons ou usons notre crédit individuel dans des jeux de bourse et dans l'agiotage ; tandis que les grandes entreprises, celles qui donnent de beaux et réels produits, qui ajoutent à la gloire nationale, sont dédaignées ou méconnues.

Eh bien ! nous disons bien franchement toute notre pensée quand nous affirmons que l'un des effets les plus immédiats de la *Compagnie Commerciale de Dunkerque* sera de raviver, d'abord dans un rayon limité de la France, puis dans le pays tout entier, le sentiment de ces entreprises larges et fécondes. Et c'est parce que nous entrevoyons ces résultats grandioses, que nous répétons ce que nous avons eu tant de fois occasion de dire dans le cours de ce travail, — que le succès est assuré à cette œuvre sérieuse, réfléchie, longuement et patiemment élaborée.

Que le lecteur pèse attentivement l'exposé fait par M. Vanderest de la création qu'il a conçue, et le lecteur se convaincra, par les aperçus pratiques qui distinguent cet exposé, par les statistiques nombreuses qui y fourmillent, que c'est là une de ces opérations véritablement destinées à révolutionner un pays, commercialement parlant.

PROGRÈS DE L'ALGÉRIE PENDANT L'ANNÉE 1853.

(EXTRAIT DES ANNALES DE LA COLONISATION ALGÉRIENNE.)
(Livraison de Juin 1854.)

Rapport adressé à l'Empereur par M. le Ministre de la Guerre.

Le *Moniteur universel* du 22 Mai dernier renferme un long rapport adressé à l'Empereur par M. le Ministre de la Guerre, et présentant un résumé succinct de l'histoire militaire, administrative, agricole, industrielle et commerciale de l'Algérie, pendant l'année 1853.

Ce rapport est divisé en deux parties :

La première est relative à l'action du Gouvernement dans les progrès généraux effectués par la colonie; c'est, à proprement parler, l'histoire militaire et administrative de l'Algérie pendant l'année 1853.

La seconde se rapporte à la part que l'industrie privée a prise dans ces mêmes progrès; c'est réellement le tableau du développement de la colonisation durant la même période.

Le rapport ministériel est trop étendu pour que nous puissions le publier intégralement. Nous nous bornerons donc à analyser la première partie ; mais, comme la seconde touche plus particulièrement à la colonisation qu'elle passe en revue dans toutes ses branches principales, nous la reproduirons en entier. Bien que les faits qui s'y trouvent consignés soient déjà presque tous connus par les lecteurs des *Annales*, ils acquièrent de l'exposé officiel un caractère d'authenticité et de force qui en rend le langage plus explicite et plus décisif.

Nous suivrons les divisions adoptées dans cet exposé.

M. le Ministre de la Guerre constate d'abord, ainsi que nous l'avons souvent répété nous-même, que l'ère agricole, industrielle et commerciale de l'Algérie date seulement de la loi douanière, du 11 janvier 1851, ce qui indique clairement les mesures qui restent à prendre pour donner à cette loi toute l'efficacité qu'elle doit avoir, en complétant l'émancipation agricole par l'émancipation industrielle et commerciale; la colonisation vit surtout de liberté; et ce qui montre en même temps de la manière la plus éclatante l'importance des progrès réalisés dans une si courte période; progrès dont la constatation solennelle devient le gage irrécusable de l'avenir réservé à l'Algérie, aussitôt que les moyens d'action, capitaux et bras, seront en rapport avec l'admirable fécondité du sol et les immenses ressources du pays.

Ces considérations préliminaires terminées, M. le ministre aborde la première division du rapport, disposée sous le titre suivant :

GOUVERNEMENT ET ADMINISTRATION.

M. le ministre commence par le récit des OPÉRATIONS MILITAIRES pendant l'année 1855. Il résulte de ce récit, ce dont l'armée a le droit d'être fière, qu'aujourd'hui il faut aller *à 200 lieues des côtes* en plein Sahara, c'est-à-dire jusque dans le grand désert, pour trouver, d'ici de là, quelques rares fanatiques que nos goums arabes suffisent seuls à mettre en déroute, et qui sont chassés par les tribus même qu'ils essaient de soulever contre nous. Quant au Tell algérien, où se trouve la totalité de la colonisation européenne, et qui représente près des *trois huitièmes* du sol (14 millions d'hectares environ sur 39 millions), sauf peut-être un ou deux points perdus dans les montagnes de la Kabylie et sans aucune importance sérieuse, il ne cesse de jouir d'une tranquillité complète, et d'autant plus assurée que les *Arabes s'engagent chaque jour davantage dans la voie des améliorations matérielles que nous ouvrons devant eux, et qui est la meilleure et la plus sûre garantie contre le retour de toute agitation.*

M. le ministre de la guerre examine ensuite les INSTITUTIONS CIVILES : *destinées*, dit-il, *à rassurer les colons sur leur avenir, dans ce pays d'adoption, et à leur montrer qu'ils trouveront, de l'autre côté de la Méditerranée, une administration semblable à celle de la France, une sécurité complète pour leurs intérêts et des secours répartis plus largement que dans la métropole elle-même.* » Il rappelle l'augmentation des territoires civils dans les provinces de Constantine et d'Oran, et annonce très-prochainement une extension correspondante pour le département d'Alger. Nous avons l'espoir fondé que l'accroissement de l'émigration et le développement des cultures nécessiteront de nouveau, prochainement, des mesures analogues, si bien faites pour appeler du côté de l'Algérie une portion de ce flot d'émigrants que le besoin d'assurer son avenir, le sentiment naturel de l'indépendance humaine et l'amour de la liberté, poussent, par centaines de mille, vers les rivages de l'Amérique du Nord et de l'Australie anglaise. Dût l'agrandissement du territoire civil nécessiter une augmentation dans les dépenses administratives, cette augmentation constituerait une véritable économie en raison de l'essor qu'en recevrait la colonisation, et par suite la prospérité du pays tout entier. Au surplus, M. le ministre, ainsi qu'on le verra plus loin, montre bien que cette aggravation de charges n'en serait réellement point une pour le budget, puisque « *les recettes que l'Algérie procure au trésor s'augmentent chaque exercice, et qu'en 1854, elles couvriront les dépenses, celles de l'armée d'occupation exceptées.* » D'où il résulte que la colonie, avec les progrès qu'elle réalise chaque jour, et bien qu'elle ne soit encore soumise, ni à l'impôt foncier, ni à l'impôt personnel, ne tardera pas, non-seulement à suffire à toutes les dépenses administratives qu'elle exige ou peut exiger dans l'avenir, mais encore à indemniser la métropole de ses sacrifices en contribuant pour sa part à l'accroissement des revenus généraux du pays.

Passant à l'énumération des actes par lesquels le Gouvernement a manifesté l'intérêt qu'il prend au progrès de la colonie, le rapport signale l'extension donnée au SERVICE DE LA JUSTICE, dont l'organisation comprend aujourd'hui : une cour d'appel, six tribunaux de première instance, dix-neuf justices de paix, six commissaires civils, réunissant à leurs attributions les fonctions de juges de paix ; indépendamment des commandants de place qui rendent provisoirement la justice dans nos postes avancés, tels que Biskara, Boueada, Lagouath, Tiaret, etc., aux races et intrépides pionniers qui ont suivi nos colonnes sur ces points extrêmes de notre occupation, mais dont les jugements sont susceptibles d'appel devant le tribunal de première instance le plus voisin. Cette extension recevra tous les développements ultérieurs qui seront reconnus nécessaires, et, dès à présent, le ministère de la guerre prépare, de concert avec celui de la justice, un décret destiné à introduire de grandes améliorations dans l'administration judiciaire en Algérie.

Les institutions de bienfaisance obéissent à la même loi de progrès général. Un mont-de-piété, cette banque du pauvre, destiné à venir en aide aux classes laborieuses, a été fondé à Alger où l'usure avait fait monter les prêts à gage au taux monstrueux de 100 et 150 p. 0/0. Des caisses de secours mutuels, cette assurance fraternelle contre la misère dans la vieillesse, contre le dénûment dans la maladie, contre la pauvreté de la veuve ou de l'orphelin après la mort du chef de la famille, ont été organisées à Alger, à Constantine et à Oran. Des orphelinats, cette providence terrestre des enfants sans soutiens, ont été créés dans les trois provinces et y prospèrent. Nous ne saurions mieux faire ici que d'emprunter les termes du rapport.

« Parmi les institutions de bienfaisance qui se recommandent d'une manière spéciale au Gouvernement de Votre Majesté, dit M. le ministre de la guerre, devaient naturellement figurer les établissements destinés aux enfants trouvés ou abandonnés ou aux orphelins.

» L'organisation de ces asiles a été complétée en 1853.

» L'Algérie compte aujourd'hui sept orphelinats placés sous la direction de respectables ecclésiastiques ou de saintes religieuses. Quatre de ces orphelinats sont destinés aux garçons, deux aux filles et un dernier enfin aux enfants des deux sexes de la communion protestante.

» Indépendamment de l'enseignement primaire qui leur est donné, les orphelins ou enfants abandonnés reçoivent, dans ces établissements, une éducation agricole très-complète. Ils sont, en outre, employés à la culture des terres concédés à l'orphelinat, et, en même temps qu'ils développent ainsi leurs forces physiques, ils se façonnent par la pratique au rude métier auquel ils semblent plus particulièrement destinés.

» La création des orphelinats fournissait à l'administration métropolitaine une occasion naturelle d'essayer le parti qu'il serait possible de tirer, tant dans leur intérêt que dans celui de notre colonie, des enfants trouvés comme agents de colonisation en Algérie ; mon département devait naturellement la saisir.

» Près de 300 enfants appartenant à l'hospice dépositaire et aux familles indigentes du département de la Seine ont été confiés à l'abbé Brumault et au Père Abram. Cette jeune et intéressante colonie a été installée dans les premiers mois de 1853, et, jusqu'à présent, elle n'a donné lieu qu'aux rapports les plus favorables.

» *Malheureusement, Sire, Malgré tous les efforts de mon département et de celui de l'intérieur, cette innovation si utile dont les résultats moralisateurs pourraient avoir une influence si considérable pour la France elle-même, ne me paraît pas destinée à sortir des proportions d'un essai. Les tentatives qui ont été faites, à plusieurs reprises, auprès des conseils généraux des départements pour les déterminer à suivre l'exemple de la ville de Paris ont été sans résultat ; les administrations départementales se sont arrêtées devant une question de dépense.*

» L'introduction en Algérie des 300 enfants abandonnés confiés par le département de la Seine aux orphelinats de l'Algérie m'offre l'occasion de réfuter par un mot et par un fait l'opinion plusieurs fois émise que le climat de l'Afrique serait incompatible avec le maintien de la race européenne. On s'est appuyé à cet égard, il est vrai, sur des chiffres puisés dans des documents officiels mal interprétés, et sans tenir aucun compte d'un fléau, le choléra, qui, à plusieurs reprises, est venu décimer la population sur certains points de l'Algérie. Votre Majesté apprendra sans doute avec satisfaction que, *sur les 300 orphelins dont il vient d'être question, deux seulement sont morts en 1853, c'est-à-dire dans la première année de leur acclimatation*.

» Ce fait est d'autant plus remarquable que cette moyenne est bien inférieure à celle des établissements du même genre en France ; il est d'autant plus significatif, que, jusqu'à ce jour, on a prétendu que le climat de l'Algérie était surtout funeste aux enfants. »

Après cet appel indirect adressé à la France pour l'engager à venir en aide à la colonisation de l'Algérie pour l'établissement dans la colonie de ses enfants trouvés, abandonnés ou orphelins, M. le ministre de la guerre mentionne :

La création des MÉDECINS DE LA COLONISATION, appelés à rendre de si grands services aux émigrants pauvres et aux colons indigents ; l'application à l'Algérie de la LIBERTÉ DU

COMMERCE DE LA BOUCHERIE ET DE LA BOULANGERIE, accueillie avec reconnaissance par la population algérienne ; la TACHE IMPOSÉE A L'ADMINISTRATION COLONIALE, tâche qui ressemble si peu à celle de l'administration métropolitaine. Allant, à cette occasion, au-devant d'une objection quelquefois élevée par des esprits superficiels qui s'étonnent du développement des institutions civiles dans un pays dont la population européenne est cependant inférieure à celle de plusieurs de nos départements, M. le ministre s'exprime ainsi avec une très-haute raison :

« J'aurais pu me borner à faire remarquer que cette disproportion momentanée est la condition de tout pays qui se fonde ; que le système général de divisions territoriales adopté, non pas seulement en vue de la population actuelle, mais encore de la population qui arrive chaque jour en Algérie, et de la conformation même du pays, est un cadre qui ne doit das être essentiellement modifié par un surcroît d'habitants, que les divisions territoriales plus nombreuses nécessitent des fonctionnaires plus nombreux pour les administrer. Mais il est encore d'autres arguments qui ne sauraient manquer de faire partager à Votre Majesté toutes mes convictions.

» En effet, ce n'est pas d'après la quotité des habitants que doit être établi le nombre des fonctionnaires qui sont appelés à les administrer, mais d'après l'importance des devoirs que ces fonctionnaires ont à remplir vis-à-vis de leurs administrés.

» Or, sous ce rapport, aucune comparaison ne peut être établie entre la France et l'Algérie.

» En France, le rôle du Gouvernement, comme celui des administrateurs, est de conserver et d'améliorer ; en Algérie, il est de créer : de créer la colonisation du pays ; de créer des villages, des villes même, des voies de communication ; de procéder au lotissement des terres ; d'assurer à chaque colon celles qui doivent lui revenir ; de lui faciliter, s'il en a besoin, les premiers moments de son installation ; de surveiller l'exécution des conditions qu'il a acceptées ; d'aider au développement de l'agriculture, du commerce et de l'industrie. En outre, Sire, à côté de la population européenne, vit une population indigène que l'on oublie trop généralement, population qui a ses besoins spéciaux, dont nous devons protéger le culte, diriger l'instruction publique, surveiller la justice, tout en respectant des usages qui s'appuient pour la plupart sur la tradition religieuse.

» Je le demande, Sire, où serait-il possible de trouver dans les administrations de la métropole, une telle multiplicité d'obligations et d'attributions diverses ? N'est-il point évident que les fonctionnaires de la métropole n'ont pas même à s'occuper de ce qui fait la partie principale des fonctions similaires en Algérie ? Dès lors peut-il être étonnant que le nombre de ces derniers soit relativement supérieur à celui des fonctionnaires en France ?

» Quant à moi, je n'hésite pas à le déclarer à Votre Majesté, il ne faut rien moins que le zèle et le dévouement incessant de tous les fonctionnaires et agents du Gouvernement en Algérie, pour ne pas plier sous le fardeau qui pèse sur eux. »

Vient ensuite l'énumération rapide des TRAVAUX PUBLICS qui ont plus particulièrement marqué l'action administrative:

1° L'amélioration des VOIES DE COMMUNICATION, ces artères essentielles de la vie coloniale, et la création de nouvelles ROUTES, au nombre desquelles figurent : dans la province d'Alger, les routes de Médéah à Milianah, de Médéah à Boghar, de Boghar à Lagouath, cette dernière ouverte déjà sur une étendue de 180 kilomètres, et les chemins de l'Ouersenis sur Teniet-el-Hâd, d'Aumale chez les Ouled-Sidi-Aïssa, de Ténès à Cherchell : dans la province de Constantine, indépendamment de la route de Milah à Djidjelli, dont la colonne expéditionnaire des Babors a doté l'Algérie, celle qui doit si puissamment contribuer à la fertilisation de la vallée du Bou-Merzoug, dans la province d'Oran, la route qui traverse la riche et féconde plaine du Tlélat.

2° La construction sur la route de Lagouath de cinq nouveaux CARAVANSÉRAILS, qui, ajoutés aux trois autres précédemment fondés à Guetestal, Djelfa et Sidi-Makhlouf, marqueront chaque étape du voyageur, des convois et des caravanes au milieu de ces vastes solitudes.

3° Le développement de la TÉLÉGRAPHIE, particulièrement de la télégraphie électrique, ce merveilleux instrument de relations qui, par la transmission instantanée des nouvelles ou des ordres, a frappé d'une crainte mystérieuse l'imagination des Arabes, et leur a imprimé une terreur salutaire.

4° Enfin, l'achèvement prochain du PORT D'ALGER, à

l'abri duquel de puissantes flottes de guerre pourront bientôt venir chercher un refuge.

Nous regrettons de ne pas voir figurer, dans cette énumération des travaux publics en Algérie, la voie de communication par excellence des peuples civilisés, LE CHEMIN DE FER, cet admirable agent des progrès généraux et de la prospérité publique; mais, nous en avons l'espoir fondé, cette lacune ne tardera pas à être comblée; l'Algérie, qui dans peu de mois, sera mise en relations de chaque jour avec la France par la télégraphie électrique sous-marine, ne saurait, au point de vue des voies ferrées, rester plus long-temps en arrière des déserts de l'Australie, des plaines inhabitées du Cap et des solitudes de l'Amérique du Nord. Bientôt nous serons nous-mêmes en mesure de publier à cet égard un projet soigneusement étudié, qui, loin de rencontrer aucun difficulté matérielle sérieuse, réunit les conditions d'exécution les plus favorables; qui donne satisfaction à tous les intérêts, et dont la réalisation, en même temps qu'elle serait pour le trésor la source d'une économie *immédiate* considérable, changerait en quelques années la face entière de l'Algérie.

Ici se termine la première partie du rapport de M. le Ministre de la Guerre.

« J'ai fait connaître à Votre Majesté, dit-il, la part qui revient directement au Gouvernement dans l'ensemble des progrès réalisés en Algérie pendant l'année 1855 : Situation militaire et politique, gouvernement arabe, administration civile, travaux publics; je suis ainsi parvenu à la seconde partie de ma tâche. Il s'agit maintenant pour moi d'appeler votre attention sur le développement agricole, commercial industriel de notre colonie. Et que Votre Majesté me permette de lui faire remarquer, *il ne saurait être ici question d'hypothèses ; je suis sur le domaine des faits, je présente des résultats.* »

Ainsi que nous l'annonçons en commençant, nous donnons cette seconde partie de l'exposé ministériel *in extenso*, en soulignant, comme nous l'avons fait jusqu'ici, les passages qui nous ont paru le plus dignes d'attention.

H. Peut.

COLONISATION ET COMMERCE.

« **Fertilité de l'Algérie.** — Je n'irai pas demander à

l'histoire ancienne un certificat de fertilité en faveur de l'Algérie, en rappelant que cette contrée était autrefois surnommée *le grenier de Rome*. Il suffit de constater qu'*en 1853 notre colonie a fourni à la France près de 1 million d'hectolitres de céréales*, *d'une valeur de plus de 14 millions de francs*; qu'elle produit des blés tendres, *comme jamais il n'en a été récolté en France, pesant 86 et 88 kilogrammes l'hectolitre*, au lieu de 75 et 76 kilogrammes; que ses seigles ont un grain d'une si belle apparence et si nourri, qu'on a pu les confondre souvent avec des blés durs; enfin, que certains grains de blé ont produit 150 épis, et certains grains d'orge jusqu'au chiffre merveilleux de 312 épis.

» Je n'ai pas la pensée de présenter ce fait comme un résultat normal; mais, tout exceptionnel qu'il est, il servira à faire apprécier la fertilité de cette terre redevenue vierge par un repos de tant de siècles.

» Sans doute, le million d'hectolitres de céréales exportés d'Algérie est peu de chose, si l'on considère l'étendue du pays qui les a produits; il est beaucoup, si l'on s'arrête à cette pensée, qu'avant la loi des douanes, notre colonie tirait la majeure partie de son blé de l'étranger, et que, depuis deux ans à peine, les colons ont commencé à donner quelque extension à leurs ensemencements.

» **Culture des plantes industrielles.**— Quels que soient les profits qu'on peut retirer de la culture des céréales, il est hors de doute que ces profits ne sauraient entrer en comparaison avec ceux qu'assure la culture de certaines plantes industrielles dont l'acclimatation en Algérie ne fait plus aujourd'hui question. De ce nombre sont le tabac, le coton, la garance; j'y ajouterai l'éducation de la cochenille, et l'industrie séricicole.

» Pour bien se rendre compte des progrès d'un pays, il ne suffit pas de connaître quelles sont les sources de sa richesse; c'est par le développement qu'elles y reçoivent qu'il faut les juger. J'ai donc pensé que Votre Majesté lirait avec intérêt quelques détails, quelques chiffres qui seront pour elle la meilleure preuve des progrès agricoles que l'Algérie a réalisés en 1853.

» **Culture du tabac.** — L'un des faits les plus curieux de la colonisation algérienne est sans contredit la progression qu'a suivie, dans ces dernières années, la culture du tabac.

» En 1850, on comptait à peine, dans les trois provinces, quelques centaines de planteurs.

» En 1852 leur nombre s'était déjà élevé à. . . . 1,073
» Il a été, en 1853, de. 1,752
Augmentation. 679

» Sous le rapport des espaces ensemencés, la culture du tabac a suivi une progression plus rapide encore.

» En 1852, on signalait comme plantés
en tabac. . . . . 1,095 hect.
» Le chiffre s'est élevé, en 1853 à. . . . 2,277
Augmentation. 1,182

» C'est-à-dire qu'en une seule année les espaces cultivés ont plus que doublé.

» Il ne m'est pas possible de faire connaître d'une manière rigoureusement exacte à Votre Majesté le rapport de ces 2,277 hectares. Cependant, indépendamment de la consommation locale, indépendamment des quantités restées entre les mains des colons, on peut constater officiellement le le placement de près de 1,800,000 kilogr. sur lesquels la régie a acheté 1,427,276 kilogr. pour une somme de 1,303,000 fr.

» *Mais, circonstance digne de remarque, en même temps que les ensemencements augmentent, une amélioration se manifeste dans la qualité des tabacs.*

» Ainsi, tandis que le prix moyen des tabacs achetés, en 1852, pour le compte de la régie, n'avait
été que de. . . . . 85 fr. 10 c. les 100 k.
» Il s'est élevé, en 1853, à. . 91 30 —
Augmentation. . . . 6 20 —

Cette amélioration dans la qualité dont témoignent déjà suffisamment les prix plus élevés payés par la régie, est encore constatée par les rapports des agents de l'administration des tabacs.

» Votre Majesté permettra que je place sous ses yeux l'extrait suivant d'une dépêche qui m'a été adressée par le chef de la mission des tabacs en Algérie ; ce document me paraît digne de lui être signalé :

« Les tabacs algériens, dit cette dépêche, laissent déjà loin derrière eux ceux d'Égypte, de Macédoine et de Grèce, auxquels ils avaient d'abord été assimilés ; les tabacs de

Hongrie ont un goût moins agréable ; ceux du Kentucky ne sont ni plus fins, ni plus combustibles ; enfin les tabacs du Maryland ont un défaut d'élasticité et un goût d'amertume qu'on ne saurait reprocher à ceux de l'Algérie. »

» L'avenir dira si les colons de l'Algérie réussiront à apporter de nouvelles améliorations dans la qualité de leurs tabacs ; mais en admettant qu'ils n'y parviennent point, n'est-ce pas un beau résultat que de voir leurs produits classés plus avantageusement que des tabacs qui, sans occuper la première ligne, ont cependant une grande réputation ?

» Cette culture promet donc d'être fructueuse pour l'Algérie. La France trouvant à ses portes des tabacs préférables à ceux qu'elle achète en Hongrie et en Amérique, demandera sans nul doute à notre colonie d'Afrique une partie de ceux qu'elle tire de l'étranger.

» Les colons ont parfaitement compris l'avenir de cette riche culture, de nombreux ensemencements ont été effectués depuis la récolte de 1853, et les agents de l'administration des tabacs estiment qu'en 1854 la production du seul département d'Alger sera de 3 millions de kilogrammes (1).

» **Industrie séricicole.** — Si la culture du tabac a pris le plus rapide développement à raison des avances peu considérables qu'elle exige, il est d'autres éléments de richesse dont l'avenir paraît tout aussi assuré et qui ne tarderont pas à attirer l'attention à un degré égal.

» Dans l'ordre de ces produits, l'industrie séricicole, dont je parlerai ici parce qu'elle touche en un point à la culture, se classe après le tabac, mais, il est vrai, à une assez grande distance encore.

» En effet, les produits de cette industrie sont subordonnés à l'accroissement des mûriers comme nombre et comme rendement, et ralentis encore par l'importance du capital qu'entraîne toute plantation.

» Mais ce que l'on peut signaler dès ce moment, c'est que, sous le rapport de cette industrie, notre colonie a fait de notables progrès ; c'est que la qualité supérieure des soies algériennes, consacrée déjà par deux médailles à l'exposition

(1) Nous pensons qu'il y a eu ici une erreur commise dans la copie du manuscrit. Ainsi qu'on le verra plus loin, par le rapport de M. le chef du service des tabacs, la production de 3 millions de kilogrammes ne s'applique pas au seul département d'Alger, mais à l'Algérie tout entière, ce qui est déjà fort remarquable ! *(Note de la Rédaction.)*

de Londres et par les prix élevés auxquels elles sont cotées sur le marché de Lyon, ne permet plus de douter que l'Algérie ne prenne une place distinguée dans ce groupe de pays qui doivent aux vers à soie une bonne part de leurs richesses.

» Pour constater ces progrès, il me suffira de placer sous les yeux de votre Majesté un tableau indiquant quelle a été, dans le seul département d'Alger, la progression de cette industrie et comme nombre d'éducateurs, et comme produit :

En 1850, 89 éducateurs ont récolté 3,778 kil. de cocons.
1851, 184 — — 5,888 —
1852, 272 — — 9,325 —
1853, 333 — — 14,000 —

Soit, pour le département d'Alger, 5,000 kilogrammes d'augmentation sur l'année précédente.

» Les nouvelles plantations de mûriers qui se font journellement dans les trois provinces témoignent suffisamment de la volonté des colons de donner à cette industrie tout le développement dont elle est susceptible.

» **Culture de la garance.** — Les premiers essais de culture de la garance datent de quelques années à peine, et déjà une médaille d'honneur obtenue à l'Exposition venait les signaler à l'attention du commerce.

» Depuis lors, trois rapports, l'un de M. Chevreul, membre de l'Institut, directeur des teintures à la manufacture impériale des Gobelins ; l'autre, de la Chambre consultative de l'arrondissement de Louviers ; le troisième, enfin, de la Société industrielle de Mulhouse, ont reconnu la supériorité des garances de provenance algérienne sur celles de Chypre, qui sont les plus estimées.

» Mais, pour l'avenir de cette culture en Algérie, il ne suffisait pas que cette supériorité fût prouvée, il fallait encore que la différence entre le prix de vente et le prix de revient fût suffisamment rémunératrice.

» Or, il résulte des calculs de plusieurs colons que le prix de revient est de 70 fr. par 100 kilogr., tandis que les cours de la bourse de Rouen attestent que le prix de 100 kilogr. de garance varie entre 140 et 155 fr., soit au moins cent pour cent de bénéfices pour le colon.

» Je n'ai pas besoin d'insister sur ce rapprochement de chiffres.

» **Éducation de la cochenille.** — Le même avenir est

réservé à une industrie plus lucrative encore que celle de la garance : à l'éducation de la cochenille.

» Pour en juger, il suffit de rappeler que la cochenille, originaire du Mexique, fut importée aux Canaries en 1831 seulement. La première année, la production de ces îles fut de 4 kilogr., et dix-neuf ans plus tard, en 1850, les Canaries exportaient, pendant les neuf premiers mois, 233,374 kilogr. de cochenille, qui, au prix moyen de 15 fr. le kilogr., ont rapporté 3 millions et demi.

» N'est-il pas évident que l'éducation de la cochenille étant reconnue possible, l'Algérie doit, à raison de sa proximité de l'Europe, de la différence du fret, faire une concurrence victorieuse non seulement au Mexique, mais aux Canaries elles-mêmes.

» Cette possibilité n'est plus aujourd'hui douteuse, les résultats de plusieurs années le prouvent ; aussi ont-ils déterminé un certain nombre de colons à se mettre résolûment à l'œuvre ; quelques-uns ont consacré toute leur fortune à la culture du nopal. Les produits sont, d'ailleurs, assez beaux pour tenter leurs efforts, car il résulte des calculs faits jusqu'à ce jour qu'un hectare planté de 15,000 pieds de nopal donne un produit brut de 10 à 12,000 fr., dont 2,000 seulement doivent être prélevés pour les dépenses.

» Le département d'Alger compte actuellement 29 nopaleries et 500,000 pieds de nopal.

» **Culture du Coton.** — L'illustre colonisateur de l'île de France (1) a dit : « Il suffit d'une plante pour faire la richesse d'une nation. »

» Ce mot, dont l'histoire de plusieurs peuples atteste la vérité, devra une consécration nouvelle à l'histoire de l'Algérie. La sensation produite dans ce pays par la révélation inattendue des premiers résultats sérieux obtenus par la culture du coton ; l'essor merveilleux qu'a pris cette culture en quelques mois, presque en un instant ; ce sentiment des masses qui rarement se trompe, tout prouve que cette plante est trouvée.

» Jusqu'en 1853, on ne peut qualifier que d'essais les efforts qui avaient été tentés pour la culture du coton, et

(1) Le lyonnais Poivre, un de ces hommes utiles et modestes, un de ces bienfaiteurs de l'humanité, dont le nom rayonne de la gloire la plus noble et la plus pure, la seule vraiment légitime et viable, celle du bien auquel il se trouve associé. N. B.

cependant l'Angleterre, si bonne appréciatrice en ce genre de produits, accordait à l'exposition de Londres, 11 récompenses aux échantillons de l'Algérie; depuis 1853, cette culture est définitivement acquise à ce pays.

» Pour justifier les espérances auxquelles a donné lieu l'introduction de la culture du coton en Algérie, pour bien se rendre compte de l'influence qu'elle est appelée à exercer sur ce pays, j'ai besoin de rappeler des faits et de produire quelques chiffres.

» En 1736, il y a un peu plus de cent ans, le cotonnier, qui fait aujourd'hui la richesse de l'Amérique du Nord, n'y existait qu'à l'état de plante d'agrément.

» En 1790, l'exportation était de 80 balles.

» Actuellement, les Etats-Unis produisent 3,200,000 balles.

» On peut juger par ce simple rapprochement de la rapidité avec laquelle cette culture a progressé dans l'Amérique du Nord.

» A côté de la production des Etats-Unis, il n'est pas inutile de se rendre compte de la consommation en Europe; la voici :

» En 1853, l'Angleterre a importé de tous pays, 2,264,170 balles, soit près de 330,000,000 kilog.

» Pendant la même année, la France a importé 460,000 balles, soit près de 69,000,000 kilog.

» Les autres contrées européennes consomment environ 800,000 balles, d'un poids de 120,000,000 kilog.

» Soit, en totalité, 3,524,170 balles, et 532,000,000 kilog.

» Tel est le marché qui s'ouvre devant la production algérienne, à une époque où l'exportation américaine diminue, parce que les Etats-Unis fabriquent actuellement les tissus dont ils fournissaient seulement autrefois la matière première (1), à une époque où les manufacturiers commencent à se préoccuper sérieusement du renchérissement des cotons.

» Comme si la Providence n'avait point voulu marchander à l'Algérie l'étendue de son bienfait, il est aujourd'hui reconnu que les deux variétés de coton qui réussissent le mieux dans ce pays sont : Celle dont le prix est le plus élevé,

(1) Voir le chapitre qui traite des Etats-Unis, pages 44 à 54

parce que l'Amérique n'en peut fournir que 50,000 balles, ou celle dont le rendement est le plus considérable.

» L'Algérie a compris quelle influence cette productive culture doit avoir sur ses destinées : Européens et Arabes se sont mis à l'œuvre, *et en une année le département d'Alger a décuplé ses ensemencements en coton.*

» C'est au milieu de cette émotion générale que sont intervenues les mesures que Votre Majesté m'a ordonné de lui soumettre pour encourager et développer en Algérie cette source féconde de richesses. Aussi, un immense cri de reconnaissance a-t-il accueilli ces décrets, et notamment celui par lequel Votre Majesté a fondé, pendant cinq années consécutives, et indépendamment des encouragements accordés sur les fonds de mon département, un prix de 20,000 francs en faveur du planteur des trois provinces qui sera jugé avoir récolté sur la plus vaste échelle les meilleurs produits en coton (1).

» Cette grande, généreuse et politique mesure a montré à l'Algérie l'importance qu'elle devait attribuer au développement rapide de l'industrie cotonnière, et augmenté la reconnaissance de ses habitants pour Votre Majesté (2).

(1) C'est au mois d'octobre prochain (1854), que le jury institué à cet effet doit décerner le prix de l'Empereur. M. Ed. Cox, filateur à la Louvières, membre du conseil d'administration de la *Compagnie Commerciale de Dunkerque* et qui, le premier, a utilisé avec succès les cotons algériens dans nos fabriques françaises, a été nommé par M. le ministre de la guerre membre de ce jury (Voir la note des pages 40, 41 et 42).

(2) Il n'est pas sans intérêt que nous donnions encore le rapport suivant qui a été adressé à l'Empereur, par M. le ministre de la guerre. Ce rapport a été inséré dans le *Moniteur* du 7 juillet (1854) :

« Paris, le 21 Juin 1854. »

» Sire, MM. Masquelier fils et Cie, riches négociants en coton de Lille et du Havre, qui ont déjà rendu de nombreux services à l'administration de la guerre, dans l'intérêt de la culture du coton en Algérie, ont demandé, il y a quelques mois, une concession de 600 hectares dans la province d'Oran, afin d'entreprendre eux-mêmes, sur une grande échelle, cette culture spéciale, dans l'avenir de laquelle ils ont la plus grande confiance. Ils se proposent de consacrer à leur exploitation jusqu'à concurrence d'un capital de 300,000 francs, dont ils ont justifié dans la forme prescrite par le décret du 25 avril 1852.

» MM. Masquelier devant contribuer efficacement, par l'autorité de leur exemple, au développement d'une culture à laquelle Votre

» **Commerce des huiles.** — Je ne saurais terminer ce tableau des richesses agricoles de l'Algérie sans parler d'une

Majesté attache une très haute importance, le conseil de Gouvernement de l'Algérie et le Conseil-d'Etat ont émis un avis complétement favorable à la concession demandée par eux, et j'ai l'honneur de vous proposer, Sire, de vouloir bien l'approuver en signant, à cet effet, le projet de décret ci-joint.....

Suit un décret de concession daté du 24 juin et ainsi conçu :

» Art. 1er — Il est fait concession aux sieurs Masquelier fils et compagnie, négocians en coton à Lille et au Havre, d'un terrain domanial d'une contenance de six cents hectares, bornés au nord par des terrains appartenant à l'état, à l'ouest par la concession de l'*Union agricole du Sig*, au sud par des terrains appartenant à l'Etat, et à l'est par les limites de la subdivision de Mascara, ledit terrain dépendant de la commune de Saint-Denis-du-Sig, division d'Oran et figuré au plan ci-annexé.

» Art. 2. — Les concessionnaires serviront à l'Etat une rente annuelle et perpétuelle de 1 franc par hectare, payable par trimestre et d'avance, à la caisse du receveur des domaines d'Oran, à l'expiration du délai qui leur est accordé pour l'entier accomplissement des divers travaux imposés. Cette rente sera rachetable conformément aux dispositions du titre II de l'ordonnance du 1er octobre 1844.

Ils seront tenus en outre, aux charges et impôts qui pourront grever ultérieurement la propriété foncière en Algérie.

» Art. 3. — Ils devront : 1° construire une maison d'exploitation en rapport avec l'étendue des terrains concédés ;

» 2° Mettre en bon état de culture la totalité desdits terrains. Seront considérés comme cultivés les terrains laissés en prairies naturelles, pourvu que ces prairies soient en bon état de production et d'entretien, et que leur étendue n'excède pas la moitié de la concession.

» 3° Planter au moins vingt-cinq arbres, forestiers ou fruitiers, de haute tige, par hectare, en demeurant libre de les distribuer, à leur gré, sur l'ensemble de la concession. Ces travaux de construction, de culture et de plantation, devront être exécutés dans un délai de trois ans, et par tiers chaque année, à partir du jour de la délivrance du titre de concession.

» Toutefois, les concessionnaires seront dégagés des obligations à eux imposées par l'article 3, s'ils ont, dans le courant de la première année, dépensé 100 francs par hectare, et construit des bâtiments d'exploitation en rapport avec le territoire à mettre en culture.

» Art. 4. Les concessionnaires devront entretenir en bon état de conservation les canaux d'irrigation ou de dessèchement qui traversent ou traverseront leur propriété, et planter leurs bords d'arbres de haute tige ou autre.

» Ils devront également curer et nettoyer les cours d'eau non navigables ni flottables qui traversent ou bordent la propriété concédée, conformément aux lois et réglemens qui régissent la matière en France, sans préjudice des lois ou réglemens à intervenir en Algérie.

» Art. 5. — Les concessionnaires, ne jouiront des sources et cours d'eau existant sur l'immeuble que comme usufruitiers, et conforme-

dernière source de prospérité que la loi de douanes a ouverte pour ce pays : du commerce des huiles.

» L'olivier atteint, en Algérie, les proportions de nos arbres de haute futaie ; certaines contrées, notamment la Kabylie, sont couvertes de cette précieuse essence. Il importait pour notre commerce de tirer parti d'un produit qui avait été négligé tant que le marché de la métropole lui avait été fermé.

» Depuis 1852, le commerce des huiles a pris dans notre colonie un développement rapide. Un grand nombre de colons ont construit des moulins destinés à la trituration des olives, et les Kabyles ont apporté sur les marchés de Bougie, de Dellis et de Djidjelli, de grandes quantités d'huiles qui ont été immédiatement achetées par des négociants français. Malheureusement, les procédés grossiers employés par ces montagnards pour la trituration des olives donnent un rendement inférieur de près de moitié au rendement normal. Mais des usines bien dirigées par des Européens ont été établies au milieu même des montagnes kabyles ; d'un autre côté, des élèves indigènes reçoivent dans nos pépinières des notions pour greffer les oliviers. Tout annonce donc que ce commerce prendra bientôt une grande extension.

» Il ne faudrait pas juger de la production des huiles en Algérie par la récolte de 1852, qui a été au-dessous de la moyenne des deux années précédentes. Cependant le chiffre des exportations, en 1853, s'est encore élevé à 2,914,450

ment aux réglemens existants ou à intervenir sur le régime des eaux en Algérie.

» Art. 6. — Ils seront tenus, pendant dix ans, d'abandonner à l'État, sans indemnité, les terrains nécessaires à l'ouverture des routes, chemins, canaux et autres ouvrages d'utilité publique.

» L'État se réserve la propriété des objets d'art, mosaïques, bas-reliefs, statues, débris de statues, médailles, qui pourront exister sur la concession.

» Art. 7. — Toutes les règles établies par le décret organique du 26 avril 1851 sont applicables à la présente concession. »

Le *Moniteur*, dans le même numéro qui contient le rapport et le décret de concession que nous venons de reproduire, annonçait que la vente publique de 107 balles de coton arrivés au Havre formant une partie de la récolte de l'Algérie en 1853 (voir pages 40 à 44), se fera au Havre, le lundi 24 juillet suivant, sous la direction de M. Masquelier fils et par le ministère de M. Gallois, courtier.

kilogrammes, quantité inférieure de près de moitié à celle de 1852 (1).

» **Pépinières du gouvernement.** — Il y aurait oubli de ma part à ne pas faire connaître les services rendus à la colonisation par les pépinières que le Gouvernement a établies en Algérie.

» Produire un grand nombre de jeunes arbres et les livrer aux colons au plus bas prix possible ; essayer la culture des diverses plantes industrielles qui font la fortune de certaines parties de notre globe, et rechercher s'il est possible de les acclimater en Algérie, tels sont les deux buts que l'administration s'est proposé d'atteindre en fondant ces établissements.

» Ses espérances n'ont point été déçues, car c'est à la pépinière centrale du Gouvernement que l'Algérie doit la culture du coton, celle de la garance, l'éducation de la cochenille et l'industrie séricicole. C'est à elle que notre colonie devra peut-être l'acclimatation, tentée non sans quelque succès, du caféier et de l'arbre à thé. C'est enfin au jardin d'essai de Biscara que les oasis sont redevables de la culture du riz sec de Chine, qui croît au pied des palmiers, sans nécessiter des soins spéciaux.

» **Compagnie Génevoise pour la colonisation des environs de Sétif.** — Une tentative importante pour le peuplement et la mise en culture du pays a été faite en Algérie pendant l'année 1853 ; je veux parler de la compagnie qui s'est fondée sous le patronage de plusieurs des hommes les plus considérables de la Suisse, pour la colonisation des environs de Sétif par des émigrants suisses.

» Permettez-moi de m'arrêter quelques instants sur cette entreprise, qui me paraît destinée à trouver des imitateurs.

» Jusqu'au décret du 26 Avril 1853, qui a fait concession à la Compagnie génevoise de 20,000 hectares dans les environs de Sétif, l'État avait été, pour ainsi dire, le seul seul entrepreneur de colonisation en Algérie. La connaissance imparfaite du pays, le défaut de sécurité, qui, dans les premières années, devait éloigner les capitaux privés, tout contribuait à effacer et à absorber l'initiative individuelle, à qui la France est redevable de tant de grandes entreprises.

(1) On sait que l'exportation n'a jamais lieu que l'année qui suit la récolte, à cause de l'époque avancée à laquelle se fait cette dernière. *N. R.*

» *Le moment est arrivé où cette situation anormale doit cesser.*

» Aux termes des conventions intervenues entre l'Etat et la Compagnie génevoise, les 20,000 hectares affectés à la colonisation de Sétif sont divisés en dix sections de 2,000 hectares chacune. Sur chaque section la Compagnie s'engage à faire construire un village de cinquante maisons, sans pouvoir bénéficier sur le prix de la maison, qui ne peut s'élever au-dessus de 2,000 fr.

» L'État abandonne à la Compagnie le choix des colons ; avant de les diriger sur les villages dont les travaux d'utilité sont seuls à la charge de mon département, elle doit avoir reçu au moins la moitié du prix de leur maison, et, entre autres un dépôt de 2,000 fr. qui est versé entre les mains de l'Etat pour être ensuite rendu aux colons au fur et à mesure de leurs besoins.

» De cette manière, chaque famille trouve, en arrivant, une maison construite; elle peut immédiatement se mettre au travail, et le dépôt de 2,000 fr. qu'elle a effectué assure son existence jusqu'à la récolte suivante.

» Deux ans avaient été accordés à la Compagnie génevoise pour commencer les travaux des dix villages qui doivent être achevés en dix années, et cependant huit mois s'étaient à peine écoulés depuis la signature du décret de concession par Votre Majesté, qu'un premier village était non-seulement construit, mais encore entièrement peuplé ; un second village était en voie d'exécution, et, sous l'influence de renseignements fournis par les premiers colons arrivés, les demandes adressées à la Compagnie par des familles réunissant toutes les conditions voulues se multipliaient tellement, qu'elle se voyait dans l'obligation d'en rejeter un grand nombre.

» Le succès qui a couronné cette entreprise paraît avoir déterminé plusieurs compagnies, tant françaises qu'étrangères, à suivre l'exemple de la Compagnie génevoise. *Combien ne serait-il pas à souhaiter, cette première expérience faite, que les Conseils généraux reprissent un projet sur lequel mon département de concert avec celui de l'Intérieur, avait appelé leur attention, à savoir : La création de villages départementaux peuplés par des habitants d'un même département, et portant le nom de ce département !*

» *La réalisation d'un semblable projet, exécuté avec ensem-*

ble, serait digne de la France, et aurait des résultats aussi profitables pour la métropole que pour l'Algérie.

» **Commerce et industrie.** — Votre Majesté connaît actuellement la situation présente de l'Algérie sous le rapport agricole ; elle a pu apprécier le développement qu'a pris ce pays, sa fécondité, et bien que je n'aie pas cru devoir l'entretenir spécialement de certaines cultures qui promettent également des résultats avantageux, telles que celui du lin, de l'arachide, du sésame, de la canna-root, j'espère néanmoins en avoir dit assez pour lui faire partager les espérances que fait concevoir notre conquête.

» Ces espérances sont d'autant mieux justifiées, que la marche ascendante qu'ont suivie le commerce et l'industrie en 1853 vient apporter une preuve des progrès accomplis.

» **Commerce des laines et des peaux brutes.** — L'une des branches les plus considérables du commerce actuel de l'Algérie, celle qui depuis 1851 a reçu l'impulsion la plus vive, est sans contredit le commerce des laines.

» Il n'est pas nécessaire de rappeler que la production intérieure de la France ne suffit pas à sa consommation ; que nous sommes obligés de tirer de l'étranger une grande partie de notre approvisionnement ; qu'en présence de besoins sans cesse croissants, chaque jour doit augmenter le prix de cette matière première.

» L'Algérie est appelée à atténuer les inconvénients de cette situation.

» En 1852, l'exportation des laines de l'Algérie était de.	3,244,432 k.
» En 1853, elle s'est élevée à......................	4,354,490
Augmentation..........	1,110,058 k.

» Pendant cette même année, il a été exporté pour 2,067,847 fr. de peaux brutes.

» **Industrie métallurgique.** — L'industrie métallurgique a suivi une progression analogue.

» Les exploitations des mines de cuivre de Mouzaïa et de Ténès ont été activées au moyen de permissions temporaires d'exportation à l'étranger, en attendant que l'usine de Caronte eût fait ses dernières dispositions pour le traitement de ce minerai. Aujourd'hui cet important établissement a commencé ses travaux.

» Du côté de notre frontière de l'est, la mine de plomb argentifère de Kef-oum-Theboul a continué d'être fructueuse pour les concessionnaires ; il a été exporté 5,112,516 kilog. de minerai.

» *Les mines de fer et les hauts-fourneaux de l'Alélik, dont les produits rivalisent avec les aciers de Suède, ont pris un élan qui assure la prospérité non-seulement de la Compagnie, mais encore celle de la contrée entière.*

» Outre ces mines déjà en cours d'exploitation, de nombreux permis d'explorer ont été accordés, en 1855, pour des gisements de natures diverses :

» De cuivre et de plomb argentifère, au mont Bouzaréah et dans la vallée de l'Oued-Acdès (province d'Alger) ;

» De plomb, près de Sétif et dans la vallée du Bou-Merzoug, de plomb et de cuivre, au mont Filfila et au Sidi-Reghis (province de Constantine) ;

» De plomb et de plomb argentifère, près de Lalla-Maghnia et Rouban (province d'Oran).

» Chaque année apporte enfin une nouvelle preuve de la richesse métallurgique de l'Algérie.

» **Carrières de marbre et d'onyx translucide.** — L'attention de Votre Majesté s'est portée sur les carrières de marbre blanc du mont Filfila, qui ne le cède en rien aux plus beaux marbres de l'Italie. L'exploitation de ces carrières a commencé, et tout porte à croire que leurs produits seront adoptés par la statuaire.

» D'un autre côté, une carrière d'onyx translucide des plus précieux, et qui porte encore toutes les traces de travaux romains, a été découverte près de Tlemcen. L'ingénieur des mines, désigné pour aller la reconnaître, considère cette matière comme aussi belle que la cornoline et la chalcédoine, et susceptible d'être vendue de 1,500 à 6,000 fr. le mètre cube. L'exploitation de cette carrière se prépare sur une vaste échelle.

Pêche du corail. — La mer qui baigne le littoral de l'Algérie apporte aussi son contingent de prospérités à ce pays. Il est à regretter que les étrangers nous donnent ici l'exemple et accaparent à leur profit un produit important trop négligé en France : la pêche du corail.

» 156 bateaux corailleurs ont exploité, en 1855, les parages de Bône et de La Calle, et ont récolté, en moyenne, 230 kil. par bateau, soit, en totalité, 35,880 kil. Au prix de 60 fr. le kil., la valeur de la pêche a été de 2,152,800 fr.

» Je m'empresse d'annoncer à Votre Majesté que l'est de l'Algérie ne paraît pas devoir conserver le monopole de la pêche du corail, qu'il possédait depuis des siècles ; sur les côtes de la province d'Oran, des bancs considérables ont été découverts récemment, et cinquante balancelles espagnoles sont venues y chercher un riche butin.

» Afin de faire concourir nos nationaux à l'industrie du corail, *industrie tellement productive, que dans quelques mois elle a assuré à chaque bateau pêcheur une moyenne de 14 à 15,000 fr. de bénéfice net*, j'ai donné mission à un officier de la marine impériale d'aller étudier à Naples les procédés de fabrication usités dans cette ville. A l'aide des documents recueillis, *je me propose d'organiser un système d'encouragement au profit des industriels de l'Algérie qui se livreront au travail du corail.*

» **Richesses forestières.** — La France voyant chaque année, et cela par des causes diverses, diminuer sa richesse forestière, avait grand besoin de rencontrer, de l'autre côté de la Méditerranée, une compensation pour combler le vide qui se faisait chez elle. Cette compensation, elle l'a trouvée. *Le domaine forestier de l'Algérie aujourd'hui connu comprend 1,200,000 hectares environ.*

» Malheureusement il ne faut pas juger du peuplement de ces forêts d'après leur étendue. Sous la domination des Turcs, elles étaient, à proprement parler, la propriété de tout le monde, et chacun venait y puiser selon ses besoins. Après la conquête, et pendant les dix-sept premières années qui suivirent, les Arabes ont continué le même système ; aussi une chose doit-elle surprendre, c'est qu'elles soient dans l'état où elles se trouvent actuellement. Mais il ne saurait être douteux que, dans un avenir prochain, les mesures prises pour les protéger n'amènent une amélioration sensible et ne leur rendent une beauté qu'elles ont conservée sur beaucoup de points.

» Les essences de chênes-lièges composent une grande partie des forêts de l'Algérie. Déjà 12,000 hectares de ce bois, d'autant plus précieux qu'il commence à manquer ailleurs, sont exploités par les compagnies concessionnaires. Sur la ligne de Tell, et surtout auprès de Batna et de Teniet-el-Had, on rencontre des forêts de cèdres dont quelques-uns atteignent 4 et 5 mètres de circonférence. *Un ingénieur de la marine a visité récemment toutes les richesses forestières de l'Al-*

gérie. Il a reconnu et signalé à l'attention du département de la marine et des colonies l'existence de très-beaux bois propres à toutes les constructions navales. Leur éloignement de la côte en a rendu jusqu'à ce jour l'exploitation difficile ; mais avec le développement des routes que nous ouvrons de tous côtés, nous pourrons bientôt aller chercher en Algérie des approvisionnements précieux pour les chantiers de notre marine.

» D'autres essences me paraissent également appelées à prendre une place importante dans la confection des meubles de luxe ; parmi elles figurent en première ligne le térébinthe, le genévrier, le thuya, l'olivier, le noyer noir, qui ne le cèdent, par leurs dispositions et leur solidité, à aucun des arbres de l'Amérique.

» **Exposition permanente des produits algériens.** — Sire, j'ai passé en revue les différentes sources de la richesse agricole, industrielle et commerciale de l'Algérie. Mieux connues, mieux appréciées en France, elles eussent sans doute appelé dans notre colonie plus de bras, plus de capitaux ; mais la vérité finira par se faire jour : mon département ne néglige aucun moyen de la mettre en lumière.

» Parmi ces moyens, celui qui devait naturellement fixer mon attention consistait à convier le public à vérifier lui-même les résultats obtenus en Algérie, à s'assurer par ses propres yeux des richesses de ce pays. C'est dans ce but qu'une exposition permanente des produits algériens a été établie à Paris ; elle est accessible à toute personne qui m'en adresse la demande.

» Sans doute, cette collection est loin d'être complète ; cependant, toute réduite qu'elle est, elle présente pour l'observateur une étude du plus haut intérêt. Les cotons algériens, les soies, la garance, le tabac, la cochenille, les bois, les métaux, les huiles y sont représentés d'une manière satisfaisante. On peut, en outre, suivre des yeux les essais tentés dans les divers autres genres d'agriculture ou d'industrie.

» A côté du produit brut figure le produit manufacturé ; près des cotons égrenés sont placés ces mêmes cotons filés et tissés ; ils ont été appliqués aux tissus les plus fins comme aux plus grossiers.

» Cette exposition, Sire, ne pouvait manquer d'attirer l'attention des hommes spéciaux à qui leurs travaux imposent la nécessité de suivre les progrès de l'industrie à laquelle ils se sont voués. *Plusieurs manufacturiers ont témoigné hautement leur admiration pour les produits algériens, et cette admiration s'est traduite de leur part en demandes de concession.*

» C'est là un résultat dont le Gouvernement ne saurait trop s'applaudir.

» **Mouvement commercial.** — Si l'exposition des produits algériens est la constatation de l'essor agricole de l'Algérie, il y a encore un moyen très-simple de juger de la situation de ce pays sous le rapport commercial ; il suffit de se reporter aux comptes-rendus de la banque et aux documents de la douane. Les uns indiquent plus spécialement les résultats des affaires qui se font sur place ; les autres sont la représentation fidèle du mouvement commercial avec l'extérieur. Or, si je consulte les relevés de la banque d'Alger, je remarque une première et très-sensible amélioration en 1853.

» **Banque d'Alger.** — La banque d'Alger, créée en exécution de la loi du 4 août 1851, a commencé à fonctionner le 1er novembre suivant.

» Avec un capital de 1,250,000 fr., voici quelles ont été les opérations de cet établissement de crédit pendant les deux premières années de son existence :

» En 1852, les valeurs qu'il a escomptées ont été de :

» En nombre. . . . . 11,906 effets

» En sommes. . . . . 8,756,000 fr.

» En 1853, les valeurs se sont élevées :

» En nombre à. . . . . 17,369 effets

» En sommes, à . . . . 13,728,000 fr.

» L'augmentation a donc été, en 1853 :

» En nombre de. . . . . 5,463 effets.

» En somme de. . . . . 4,972,000 fr.

» Justement frappée de ces résultats, Votre Majesté a autorisé en 1853 la création à Oran d'une succursale de la banque d'Alger, et il n'est pas douteux que cette institution ne rende dans la province de l'ouest des services analogues à ceux que la banque d'Alger rend chaque jour dans la province du centre.

» **Relevé de la Douane.** — Mais à mes yeux, Sire, le compte-rendu de la banque d'Alger est encore moins significatif que les relevés de la douane.

» Ces relevés prouvent que, pendant l'année 1853, le mouvement commercial de l'Algérie a été de :

A l'importation, de.	72,788,015
A l'exportation, de.	30,782,592
Total.	103,570,607

» *En 1852, le chiffre des exportations de l'Algérie avait été seulement de 21,554,519 fr.; d'où il ressort en faveur de 1853 une augmentation de 9,228,073 fr.*

» Afin de bien juger du rang d'importance qu'occupe l'Algérie dans le commerce de la France, il ne sera pas sans intérêt de rechercher quels sont les pays qui entretiennent avec nous un commerce plus considérable que l'Algérie.

» Or, en se reportant au dernier tableau général des douanes, on voit que les seuls États avec lesquels la France ait entretenu, en 1852, un commerce dont les résultats se traduisent par un chiffre supérieur à 103,500,000 fr. sont : l'Angleterre, les États-Unis, la Belgique, la Sardaigne et la Suisse. L'Algérie passe avant l'Espagne, qui n'a donné lieu qu'à un mouvement commercial de 97 millions.

» *D'où il résulte que l'Algérie occupe le sixième rang dans le commerce général de la France.* »

. . . .

« Cependant, dit en terminant M. le Ministre, dans une CONCLUSION que nous sommes contraint d'abréger, quels que soient les progrès que j'ai eus à signaler dans la situation de l'Algérie, de grands sacrifices sont encore nécessaires pour donner à notre colonie tout son développement. *Toutefois, j'ai la satisfaction de faire remarquer à Votre Majesté que, bien que l'Algérie ne soit encore soumise ni à l'impôt foncier, ni à l'impôt personnel, les recettes qu'elle procure au trésor s'augmentent chaque exercice, et qu'en 1854 elles couvriront les dépenses, celles de l'armée d'occupation exceptées* . . .

» *L'Algérie est définitivement sortie de la période des essais.* Chaque jour révèle de nouvelles ressources et augmente, en les groupant, les forces de production. Les efforts de tous répondent aux incitations et à la sollicitude du Gouvernement. Après de si longues hésitations et de si douloureuses épreuves, *le but apparaît enfin, le succès rayonne à l'horizon.* On l'atteindra. J'en ai pour garants la situation présente comparée à la situation en 1851, et la bienveillance constante de Votre

Majesté pour un pays qui est peut-être destiné à devenir les Indes de la France.

» Je suis avec le plus profond respect, etc...

» *Le maréchal de France, ministre secrétaire d'État de la guerre,*

» VAILLANT. »

INDICATEUR

DE

L'ARRONDISSEMENT DE DUNKERQUE.

Cet arrondissement se divise en 7 cantons, 59 communes, dont 11 ayant plus de 2,000 habitants. — Population : 105,441 h. — Superficie 72,160 hectares.

Dunkerque, place forte, belle, saine, renommée par son exquise propreté, spacieuse et régulièrement bâtie. Célèbre dans l'histoire par ses grands hommes de mer, sa splendeur et ses vicissitudes. Patrie des amiraux et vice-amiraux Colaert, Jacobsen, Rombout, Mars, Pieters, Doorne ; de JEAN BART, de son fils Cornil, vice-amiral (ces deux derniers inhumés dans l'église St-Eloi ; — y voir leurs épitaphes) ; du petit-fils de Jean Bart, Philippe-François, gouverneur de St-Domingue ; des contre-amiraux Vanstabel et Lhermitte ; des capitaines Royer, Thurot, Sans, Lodue, Blanckeman, Plucket, et d'une foule d'intrépides marins et corsaires, que St-Malo, seul entre les ports français, compte presque en aussi grand nombre.

Ont encore vu le jour à Dunkerque : le général Bisson, comte de l'Empire ; le lieutenant-général comte Guilleminot ; le maréchal de camp Thévenet, les jurisconsultes Bulteau et Martins ; Lambert de Briarde, nommé par Charles-Quint président du Conseil souverain de Malines ; le docteur Vandenhelle, recteur de l'Université de Louvain ; Faulconnier, grand-bailli, auteur de la première *Histoire de Dunkerque* ; le docteur Fockedey, député du département à la Convention Nationale ; Emmery, le premier Maire décoré par Napoléon de l'ordre de la Légion-d'Honneur, le 26 novembre 1805, en présence de l'armée réunie au camp de Boulogne ; le charpentier Persé, inventeur des moulins à eau mus par le flux et le reflux de la mer ; les peintres Elias et de Reyn, ce dernier élève de Vandyck ; le célèbre poète flamand de Swaen ; le naturaliste Bouys-Monfort ; le litographe Amand Paulmier ; le calligraphe Verhaeve ; les pianistes Woets et Victor Dourlen, auteur de plusieurs opéras-comiques ; le violoncelle Cavillon ; Mme Sein-Messié et Mlle Lavoye.

Nous joignons à ces illustrations le sculpteur **M. Carl Elshoëcht**, né à Bergues, il fut élevé dès sa plus tendre enfance à Dunkerque.

Dunkerque est située, à la tour du grand phare, par 51° 3' de lat., à l'entrée de la mer du Nord, en face de la Tamise, près des côtes de la Hollande, à 8 kil. des frontières de la Belgique, et à 73 kil. de Lille. — La mer monte de 6 à 8 mètres (18 à 24 pieds) de syzygies et de 4 mèt. à 4 mèt. 50 (12 à 15 pieds) de quadrature.

Au XVIe siècle, le port de Dunkerque, qui avait vivement fixé l'attention de Louis XIV, de Colbert et de Vauban, était l'un des ports les plus florissants et l'une des plus fortes places de l'Europe.

C'est à la FRANCHISE de son port que Dunkerque dut essentiellement sa prépondérance commerciale et maritime. Cette franchise qui remontait à l'an 1170, fut abolie par l'impolitique et fatal décret de la Convention, du 11 Nivôse an III, et Napoléon allait la rétablir, lorsque les désastres de 1815 vinrent arrêter les grands projets de complète restauration qu'avait conçus l'Empereur.

Aujourd'hui, grâce à sa magnifique position topographique, Dunkerque occupe, par son importance commerciale, le 5e rang parmi les ports de France, et expédie tous les ans (le 1er Avril), le plus grand nombre de navires à la pêche de la morue à Islande (plus de 100 montés par plus de 1,200 hommes d'équipage).

Population de Dunkerque : 32,000 habitants.

Sociétés scientifiques et littéraires :

Société Dunkerquoise pour l'encouragement des Sciences, des Lettres et des Arts. — *Comité Flamand de France.*

Ouvrages à consulter : *Histoire de Dunkerque*, par M. V. Derode. — *Histoire de Mardyck*, par M. H. De Bertrand. *Notice sur la chapelle de Notre-Dame-des-Dunes*, du même auteur. — *Télégraphie nautique*, par M. J. A. Conseil, capitaine de port, à Dunkerque. — *Une Année à Dunkerque*, par M. Victor Letellier. — *Géographie Politique, Statistique, Industrielle et Commerciale du département du Nord*, par M. Quiquet. — *Mémoires du Capitaine* Pluckert. — *Question des Ports et Entrepôts Francs*, par MM. Battur et Vanderest. — *Histoire de Jean Bart et de sa Famille*, 2e édition, par M. Vanderest.

Ouvrage récemment publié : *Annales du comité Flamand de France.*

Bergues, chef-lieu de canton, à 10 kilom. de Dunkerque. — Place forte, à l'aspect à la fois sévère et pittoresque. — Marché aux grains et aux bestiaux d'une très-grande importance, le Lundi de chaque semaine. — Fromages renommés. — Célèbre par son abbaye de St-Winoc, dont la fondation remontait à la fin du VIIe siècle ; renversée de fond en comble lors du sac de 1558, rétablie en grande partie, mais anéantie par la Révolution. Abandonnée le 18 juin 1791, cette abbaye fut démolie en 1795 et vendue ensuite comme domaine national. — Popul. 5,968 h.

Bourbourg, chef-lieu de canton, à 20 kilom. de Dunkerque. — Jolie petite ville ouverte, bien bâtie et bien dégagée. — Marché aux grains et aux bestiaux, le Mardi de chaque semaine. — Riche et magnifique abbaye, fondée au commencement du XIIe siècle, pour de nobles demoiselles de l'ordre de St-Benoît, et détruite à la Révolution. — Popul. 2,528 h.

Gravelines, chef-lieu de canton, à 20 kilom. de Dunkerque. — Port de mer et place forte. — Expédition considérable d'œufs et de volailles pour l'Angleterre. Pêche au poisson frais et armements pour la pêche à Islande. — Célèbre par la victoire qu'y remporta, le 13 juillet 1558, le comte d'Egmont sur le corps d'armée commandé par le maréchal de Thermes qui venait de saccager Dunkerque. — Popul. 5,687 h.

Hondschoote, chef-lieu de canton, à 25 kilom. de Dunkerque, ville ouverte, autrefois célèbre par ses manufactures de serges et de toiles qui passaient jusqu'en Turquie. — Cette ville restera fameuse dans nos annales par la victoire que remporta, le 8 septembre 1793, le général Houchard sur l'armée des coalisés. — On a dit avec raison que le gain de cette bataille eut pour la France la même importance qu'eurent pour la Grèce les victoires de Platée et de Marathon. — *Le salut de la République est là!* avait écrit, avant la bataille d'Hondschoote, le Comité du Salut Public à Houchard, qui, plus malheureux encore que Miltiade, victime de l'ingratitude des Athéniens, paya de sa tête ses regrettables temporisations. — Population 3,890 h.

Wormhoudt, chef-lieu de canton, à 20 kil. de Dunkerque, l'un des plus jolis bourgs de la Flandre. — Popul. 3,569 h.

On remarque dans l'arrondissement de Dunkerque :

A Dunkerque, le Parc de la Marine et ses vastes et immenses établissements, son Bassin, le Port du Commerce et son Bassin à flot, le Bassin Becquet, les Magasins de MM. C. Bourdon et Cie., l'Eglise St-ELOI, ses travaux de restauration poursuivis avec persévérance sous l'intelligente direction de M. Pierre Clemmen ; son magnifique vitrail de la Charité dans la chapelle du Sacré-Cœur, exécuté à la manufacture de M. Didron aîné, de Paris ; l'Eglise St-Jean-Baptiste, la Chapelle de Notre-Dame-des-Dunes, desservie par les Révérends Pères Rédemptoristes, de la congrégation du Très-Saint Rédempteur, fondée à Scala, royaume de Naples, en 1732, et récemment arrivés à Dunkerque ; la Tour, dont le Carillon, restauré, grâce à la patriotique munificence de M. G. Malo, de Dunkerque, est si populaire en France ; le *Leughenaer*, le Phare, l'Etablissement des Bains de Mer, la Bourse, le Collége, le Collége-libre de Notre-Dame-des-Dunes ; le pensionnat de demoiselles des Religieuses des Sacrés-Cœurs de Jésus et de Marie, dites de Lannemourt (ancien hôtel de Flandre). Le Musée, la Bibliothèque, la statue en bronze de Jean Bart, par David (d'Angers).

A la vue de Dunkerque, les *Dunes*, collines sablonneuses, le long de la plage, et célèbres par la victoire de Turenne (14 juin 1658), d'où le nom *bataille des Dunes*, à la suite de laquelle Dunkerque capitula et fut remise le même jour (26 juin), par Louis XIV entre les mains de l'ambassadeur de Cromwell : « Ainsi, dit Faulconnier, « cette ville si fameuse et si sujette aux révolutions et aux change- « ments, se vit en moins d'un jour sous la domination des trois plus « puissantes couronnes de l'Europe, successivement l'une après « l'autre ; ce qui fut une chose d'autant plus rare qu'elle se trouve « sans exemple. » Quatre ans après (27 octobre 1662), Louis XIV fit l'acquisition de cette place à Charles II, au prix de 5 millions de livres tournois.

Mardick, à 4 kilom. de Dunkerque, l'un des trois ports qui abritèrent la flotte de Jules-César, qui eut une grande renommée sous la domination espagnole et sous Louis XIV ; aujourd'hui, un hameau de pêcheurs, dont les mœurs fixent l'attention de l'observateur ;

Les *Moëres*, entre Dunkerque et Hondschoote ; anciens lacs aujourd'hui desséchés et transformés en belles et riches exploitations rurales d'une grande fertilité ;

A *Coudekerque-Branche-lès-Dunkerque*, la magnifique filature de lin avec fabrique de *Toiles à voiles* de MM. Malo, Dickson et Cie. ;

A *Bergues*, l'Hôtel-de-Ville qui ressemble aux palais des anciens gouverneurs des Pays-Bas ; le Beffroi dont on admire l'excessive hardiesse de construction, l'élévation prodigieuse et la forme d'une élégance recherchée ; l'Eglise Saint-Martin ;

A *Gravelines*, les fortifications exécutées par ordre de Charles-Quint et sous Louis XIV par Vauban, le Port et le Phare du Fort-Philippe ;

A *Bourbourg*, l'Eglise Saint-Jean-Baptiste, la plus grande de toute l'ancienne Flandre Française ; le chœur, en style ogival du XIIIe siècle, est un des plus beaux du nord de la France. Le jubé où se trouvaient les orgues, et qui était tout orné de colonnes et de statuettes de bronze, était un des plus beaux de l'Europe. Ce jubé a été détruit pendant la Révolution ;

Le Mont de *Watten*, à 30 kilom. de Dunkerque, attire l'attention des antiquaires. Jules César y campa et y établit une forteresse. Charmante perspective. « C'est à Watten, a dit Vauban, qu'il faut « placer la clef des eaux ; c'est à Watten qu'on doit fortifier St-Omer. » Avant la Révolution, il y existait un monastère, ainsi qu'à St-Momelin qui fut la première retraite de St-Bertin sur ce territoire.

A 30 kil. de Dunkerque, dont la route, surtout de Bergues à Wormhoudt et Cassel, est parsemée de nombreuses et élégantes villas, se trouve située, dans l'arrondissement d'Hazebrouck, la *montagne de Cassel* qui, entourée de champs des plus fertiles et des mieux cultivés, présente l'un des plus admirables panoramas de l'Europe.

Ouvrages a consulter : Les *Flamands de France* et diverses notices par M. L. De Baecker. — *Topographie Historique, Physique, Statistique et Médicale de la ville et des environs de Cassel*, par M. P. J. E. De Smyttère.

Ouvrages couronnés en 1852 : *Histoire de l'Harmonie au Moyen-Age*, par M. Ed. De Coussemaker, juge au tribunal de première instance de Dunkerque, Couronné par l'Institut au concours pour les antiquités nationales. — *Eloge de Jean Bart*, poëme par M. Johannès de Seulle, Couronné par la *Société Dunkerquoise*.

Sujet mis au concours en 1855, par la *Société Dunkerquoise* : *Le siège de Dunkerque en* 1793.

Une première mention honorable a été décernée au poëme de M. Pomperelle, de Dunkerque, et une seconde mention honorable au poëme de M. Bertonie, d'Arras.

Dunkerque, le 15 Juillet 1854.

TABLE DES MATIÈRES.

Dunkerque. — Typ. de Vanderest

www.ingramcontent.com/pod-product-compliance
Ingram Content Group UK Ltd.
Pitfield, Milton Keynes, MK11 3LW, UK
UKHW022100260726
13993UKWH00001B/226